김소영의
초등
책 읽기교실

마음과 생각을
함께 키우는
독서 수업

김소영의
초등
책 읽기 교실

김소영 지음

다선
에듀

어린이를 책 읽기의 세계로
이끌기 위하여

몇 년 전만 해도 독서 교육 상담이나 강연 자리에서 주로 받는 질문은 "아이가 책은 잘 읽는데 글쓰기는 싫어해요" "한 종류의 책만 읽는데 괜찮을까요?" "글이 많은 책은 안 읽으려고 해요" 하는 내용이었습니다. 저는 어린이마다 상황을 파악해 접근하는 방법을 안내해 드리곤 했지요. 그런데 요즘은 질문 내용이 바뀌었습니다.

"아이가 책을 '안' 읽어요. 어쩌면 좋을까요?"

전에도 아이가 책을 좋아하지 않는다고 걱정하는 분들은 있었습니다. 하지만 지금은 대다수의 부모님과 선생님이 어린이가 책을 '안' 읽는다고 입을 모읍니다. 어린이가 이렇게 책과 멀어진 이유는 무엇일까요?

가장 많이 이야기되는 것은 스마트폰, 각종 미디어, 영상 문제입니다. 거기에 빠져서 책 읽기를 싫어한다는 것입니다. 그것도 맞지만 사실 더 크고 중요한 원인이 있습니다. 사회 전체가 책 읽기와 멀어졌다는 점입니다. 주변에 책 읽는 사람이 보이지 않으니 독서가 어린이만 해야 하는 숙제처럼 보이기도 합니다.

우리나라 평균 독서율이 해마다 뚝뚝 떨어지고 있지요. 어른들은 어린이가 책을 안 읽는다고 하지만, 제가 보기엔 그래도 어른보다는 많이 읽는 것 같습니다. 교육 현장에서 고군분투하시는 선생님들 덕분입니다.

저는 어린이책 편집자로, 독서교실 선생님으로 25년째 일하고 있습니다. 작가이고 독자이기도 합니다. 사람들이 책을 읽지 않는다는 사실은 저 자신에게도 큰 영향이 있습니다. '어쩌면 앞으로는 책이 없어도 살아가는 데 지장이 없는 것 아닐까?' '점점 더 짧은 영상으로 사람들의 관심이 옮겨가는 시대에 이렇게 책을 붙들고 있는 게 맞는 걸까?' 솔직히 가끔은 걱정이 들기도 했습니다.

그러다 언젠가부터 '문해력'이 중요한 화제가 되어 어린이 독서 교육에도 영향을 끼치기 시작했습니다. 많은 분이 문해력을 어휘력, 독해력과 비슷하게 받아들이고, 책을 많이 읽어야 문해력을 갖

출 수 있다고 말합니다. 그렇지 않아도 책이 부담스러운 어린이에게 '문해력 향상'이라는 과제까지 주어진 셈입니다. 이런 상황이 정말 어린이의 독서에 도움이 될까요? 그렇게 간단히 해결되면 참 좋겠지만 사실은 그렇지 않습니다.

문해력이란 단순히 글을 잘 읽는 능력이 아니라, 다양한 내용의 글과 출판물을 이해하고 이를 바탕으로 의사소통하는 능력을 뜻합니다. 정보를 판단하고 창작 등에 활용하는 것도 문해력에 포함됩니다. 어린이에게 당장 필요한 능력이지요. 스마트폰와 태블릿 PC 등에 둘러싸인 어린이의 생활환경을 떠올려보면 어느 정도 짐작이 될 것입니다. 지금 어른들은 자신들이 배운 적 없는 문해력을 가르쳐야 하는 형편입니다.

저는 독서에 대한 생각이 새로워져야 한다고 생각합니다. '책'에 대한 의심도, 회의도 아닙니다. 책이라는 매체가 오래된 것이지 독서의 가치가 떨어진 것이 아니니까요. 오히려 이 시대의 다채로운 미디어를 바르게 활용하고 앞으로 다가올 시대도 자신 있게 맞이할 수 있도록 어린이를 이끌어줄 가장 중요한 도구가 바로 책입니다.

어린이가 독서를 어려워한다면 우리는 책 읽는 방법을 가르쳐주어야 합니다. 이전처럼 단순히 '책 읽기'와 '독서록'을 연결하는 것으로는 부족합니다. 적극적으로 '함께' 읽는 것이 가장 좋은 방법이라고 저는 생각합니다. 문해력을 기르려면 대화와 소통이 중요하다고 많은 전문가가 지적하는 것과 맞닿는 부분입니다.

이 책은 2019년에 출간했던 『말하기 독서법』의 개정증보판입니다. 지난 몇 년 사이 달라진 독서 환경을 반영해 내용을 다시 손보았습니다. 그 사이 절판된 책들은 되도록 다른 책으로 바꾸어 소개했습니다. 더 좋은 책이나 활동이 있는 경우도 그렇게 했습니다. 중간중간 더 읽으면 좋을 만한 신간도 안내했습니다.

이 책을 쓰면서 제가 바란 것은 두 가지입니다. 첫째는 어린이가 독서를 잘할 수 있도록 돕는 것입니다. 둘째는 말하기를 통해서 독서를 배우고, 말하기도 잘할 수 있게 돕는 것입니다.

책을 읽고 어린이와 말하기를 하면 좋은 점이 많습니다. 먼저 대화의 질이 달라집니다. 일상의 대화에 친밀함이 있다면 책에 대해 말하는 것에는 지적인 즐거움이 있습니다. 어린이와 책의 내용이나 읽은 느낌, 생각을 나누면 평소에 알지 못했던 서로의 관점이나 고민도 알게 됩니다. 좋은 질문과 답은 더 깊은 생각을 끌어냅니다. 어린이가 얼마큼 성장했는지 확인하는 계기도 됩니다.

거꾸로, 말하기도 독서에 영향을 줍니다. 말하기를 통해 책을 잘 읽었는지 확인할 수 있고, 오해가 있다면 바로잡을 수도 있습니다. 나아가 읽고 말하는 것이 몸에 익으면 책을 '생각하면서' 읽게 됩니다. 중요한 내용을 짚고, 작가의 의도를 파악하고, 자기 관점을 정비

하면서 책을 읽는 것입니다. 이는 독자라면 누구나 반드시 배워야 하는 태도이고, 어린이에게는 더욱 중요합니다. 이러한 '소통'이 어린이가 책을 통해 문해력을 기르는 가장 좋은 도구입니다.

말하기 자체도 중요한 삶의 기술입니다. 말하기는 그 사람의 표현 능력과 소통 능력, 지적 수준, 인성을 드러냅니다. 다만 단순히 말하기를 좋아하고 많이 하는 것, 기발하거나 어른스러운 표현을 쓰는 것은 '말을 잘하는 것'과 다르다는 점을 짚어야겠습니다. 그보다는 자기 생각과 감정을 적절한 말로 표현할 수 있는 것, '내용이 있는 말'을 하는 것이 어린이가 배워야 할 자질과 태도입니다.

이 책에는 실제로 제가 독서교실에서 어린이들과 함께하고 있는 수업이 담겨 있습니다. 저 자신이 어린이 독서와 관련해 25년 동안 배우고 생각한 내용도 충실히 담으려고 했습니다. 그림책, 동시, 동화, 지식책 등 책의 갈래에 따라 어떤 '읽기'와 '말하기'가 좋을지도 최대한 자세히 소개했습니다. 어휘력과 문장력을 키우려면 별도의 훈련이 필요하기 때문에 따로 한 장을 마련했습니다.

말하기는 소통을 전제로 한 것이므로 개인 차이를 중요하게 여겨야 하지요. 그 점을 염두에 두고 교육하는 방법도 따로 자리를 마련했습니다. 큰맘 먹고 아이와 책을 읽어보려고 해도 무엇을 어떻게 해야 할지 막연한 분들에게 실질적인 도움이 되었으면 좋겠습니다.

자신이 한 말과 쓴 글을 책에 싣도록 기꺼이 허락해 준 독서교실 어린이들에게 감사드립니다. 꼭 실명으로 해달라고 한 어린이도 있었고, 책에는 나오고 싶은데 이름은 바꿔달라고 한 어린이도 있었습니다. 가명이 마음에 들지 모르겠습니다. 상담에서, 강연에서 마음을 열고 만나주신 분들에게도 감사드립니다. 털어놓으셨던 걱정과 의문 들에 이 책이 하나의 답이 되었으면 좋겠습니다.

2025년 3월
김소영

차례

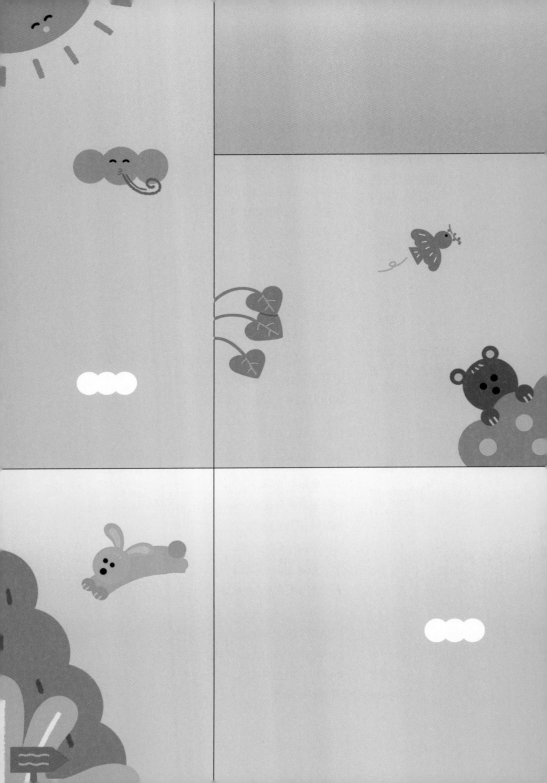

1장

말하기가
독서력을
키운다

책과 어린이를 잇는
'말하기'

초등학교 3학년 서진이는 학교 가기를 좋아하고 친구들에게 인기가 많은 어린이입니다. '우리 반을 제일 재미있는 반으로 만들겠다'는 공약으로 많은 표를 얻어 학급회장이 되기도 했습니다. 그런 서진이의 골칫거리는 독서 기록장 채우기 숙제입니다.

어머니가 끙끙대는 서진이를 도우려고 어떤 부분이 재미있었는지, 느낌이 어땠는지 물으면 서진이는 펄쩍 뛴다고 합니다.

"자꾸 물어보면 나 이제 책 안 읽을 거야!"

정도의 차이는 있겠지만 독서 기록장 때문에 괴롭지 않은 어린이는 드물 것입니다. 어린이의 독서를 도우려는 독서 기록장이 오히려 독서 스트레스를 더하는 셈입니다. 독서 기록장의 형식이 아무리 다양해도 '쓰기'를 힘들어하는 어린이에게는 큰 의미가 없습니다. 오히려 "써야 되는 게 매번 바뀌어서 힘들어요"라고 호소하는 어린이도 있습니다.

저는 독서 기록장 자체가 나쁘다고 말하는 것이 아닙니다. 어린이의 독서 상황을 살피고, 책에 대한 감상을 정리하는 다양한 길을 제시한다는 점에서 독서 기록장은 중요한 교육 도구입니다. 어린이가 책을 읽도록 유도한다는 것도 큰 역할입니다. 그래서 어떤 부모님은 "독서 기록장이라도 있으니까 아이가 책을 읽는다"고 하는 것이겠지요.

그런데 이것을 어린이 입장에서 생각해 보면 '독서 기록장 때문에 책을 읽는다'가 됩니다. 어딘가 이상하지 않은가요? 독서의 목적이 독서 기록장 쓰기가 되어버렸으니 말입니다.

어린이가 독서 기록장이나 독후감 쓰기를 어려워하는 것은 글쓰기가 많은 생각과 집중력, 물리적인 노력을 필요로 하기 때문입니다. 일단 글쓰기는 손과 팔에 힘을 주어야 하는 활동입니다. 부모님이 직접 해보시면 이해가 갈 것입니다. 아이의 책이 아니라 어른 책 중에서 최근 읽은 것을 하나 골라 독서 기록이나 독후감을 연필로 적어보세요. 짐작만 해보지 말고 실제로 해봐야 합니다. 그것을 '윗사람'이 검사한다는 사실도 잊으면 안 됩니다. 어른보다 글쓰기 경험이 적은 어린이들이 마주하는 상황이 바로 그런 것입니다.

그런데 어린이들과 책에 대해 '말하기'를 하면 달라집니다.

서진이를 만나 수업을 시작하면서 그림책 『1999년 6월 29일』(데이비드 위즈너 글·그림, 미래아이)을 읽고 별점 평가를 했습니다. 별 다섯 개가 만점인데 서진이는 이 책에 네 개를 주었습니다.

"별 네 개면 꽤 좋은 점수네! 네 개나 받은 이유는 뭐고, 하나를 놓친 이유는 뭘까?"

"저는 상상력이 있는 책을 좋아하거든요. 이 책은 그런 엄청 큰 채소들이 나오니까 상상력이 좋고요, 또 다음에 어떻게 될까 계속 상상하게 하는 점도 좋았어요. 그래서 별을 네 개 받았어요. 그런데 마지막 장면 다음에 무슨 이야기가 더 있을 것 같은데 금방 끝나서 그게 아쉬워요."

다음 주에 읽고 온 『이웃집 공룡 볼리바르』(숀 루빈 글·그림, 위즈덤하우스)에는 별 다섯 개를 주었습니다.

"실제로는 공룡이 멸종했는데 책에서는 아직 살아 있다고 한 점이 상상력이 좋고요, 뉴욕 사람들이 너무 바빠서 공룡을 못 보는 것도 재미있어요. 이 공룡이 엄청 큰 샌드위치를 먹는 장면도 재미있었어요. 글자는 별로 없지만 책이 두꺼워서 다 읽었는데도 아쉽지 않았어요."

그러더니 서진이는 자신의 상상력도 저에게 보여주고 싶다고 했습니다. 그러고는 스스로 독서 공책을 한 권 마련했습니다. 제가 책을 읽어주면 그것을 듣고 상상해서 그림을 그려보겠다는 것이었습니다. 서진이는 제가 읽어주는 내용을 집중해서 듣고 잘 기억한 다음 한 장면 한 장면 공책에 채워 나갔습니다. 서진이가 주도해서 독서 후 활동을 만들어 간 것이지요. 저의 제안으로 이 공책에 읽은 책의 제목과 별점을 정리하는 부분도 마련하기로 했습니다. 서진이만의 독서 기록장이 만들어진 셈입니다.

제가 초보 선생이었다면 아마 서진이가 별점의 기준을 말했을 때 "말로는 그렇게 잘하는데 왜 안 써?" 하고 바로 글쓰기를 시켰을 것입니다. 실제로 독서교실을 연 지 얼마 되지 않았을 때는 그런 실수를 많이 했습니다. 어린이가 말한 것이 아깝기도 하고, 글쓰기가 어렵지 않다는 것을 보여주겠다는 욕심에 서두른 것이지요. 물론 만족스러운 소득이 있었던 적은 별로 없었습니다.

'책 읽고 말하기'가 주는 즐거움

책을 읽고 말을 하는 데는 특별한 즐거움과 보람이 있습니다. 독서교실에서는 수업에서 이야기 나눌 책을 미리 읽고 오도록 합니다. 그밖에도 독서교실 서가에서 함께 책을 고르기도 하고 어린이의 관심과 필요에 따라 제가 권하기도 해서, 어린이는 보통 일주일에 두세 권의 책을 읽게 됩니다. 그렇게 읽은 책이 마음에 들었거나, 의문이 생겼거나, 보탤 말이 있거나 하면 독서교실 문을 열자마자 이야기가 시작됩니다.

> "이 책 생각보다 재미있었어요. 앞부분만 보려다가 끝까지 다 읽었어요."
> "책에 나오는 노래 있잖아요. 가사만 있어서 제가 작곡을 해봤어요."
> "그런데 거기서 주인공이 한 말이 이해가 안 돼요."
> "둘 중에서 이게 더 재미있었어요. 이거 2권도 있으면 읽을래요."

대개는 선 채로 아직 가방을 다 풀지도 않고 쏟아놓는 말들이라 두서없지만, 이런 말에는 생기와 솔직한 감정이 있습니다. 책장을 넘기면서 마음에 들었던 장면을 찾아 설명하고, 그러다 문득 다시 읽느라 일순 조용해지기도 하고요. 혼자 보고 있기 아까울 정도로 빛나는 모습입니다. 이럴 때 글을 쓰라고 하면 어떻게 될까요? 즐거웠던 분위기가 순식간에 식어버리고, 말한 것보다 훨씬 단순한 글만 남습니다.

글쓰기에 대한 욕심을 잠시 내려놓고 어린이가 말로 독후감을 정리하게 해주세요. 책에 대한 감상을 더욱 풍요롭게 즐길 수 있습니다. 좋아하는 영화 이야기를 친구와 나누면 그 영화가 더 좋아지는 것과 비슷하지요. 서로 다른 장면을 명장면으로 꼽을 수도 있고, 놓친 부분도 확인하게 됩니다. 책을 읽고 말하기를 하면 그런 즐거움을 느낄 수 있습니다. 하나의 지적인 활동을 마무리하는 보람도 있습니다.

　말하기를 통해서도 어린이가 책을 잘 읽었는지 점검할 수 있습니다. 어린이는 자기 방식으로 감상을 정리하는 법을 배우고, 즐거움과 보람을 느낌으로써 독서를 계속할 수 있습니다. '기록'이 필요하다면 거창한 형식 없이 별점 평가 같은 간단한 방식으로 남기면 됩니다. 저는 어린이들에게 저의 독서 공책을 자주 보여줍니다. 일련번호와 날짜, 책 제목, 두세 문장의 소감이 적힌 공책입니다. 글씨도 그렇게 반듯하지 않은 메모 수준의 기록이지만 형식이 간단하고 부담이 적기 때문에 몇 년째 써나가고 있습니다. 이것을 본 어린이들은 자기만의 별점 공책이나 한 줄 기록장을 만들기도 합니다.

읽는 능력을 키우기 위하여

물론 글쓰기 자체도 어린이가 반드시 익혀야 할 일입니다. 독서와 글쓰기가 뗄 수 없는 관계인 것도 사실입니다. 그렇지만 독서의 목적은 글쓰기가 아닙니다. 특히 어린이 독서 교육의 목표는 책을 좋아하는 마음을 기르고, 목적에 맞게 읽고 평가하는 능력을 익힘으로써 평생 독자로서 살아갈 기반을 마련하는 것입니다. 읽기를 중심으로 말하기와 글쓰기가 힘을 합쳐 책 읽는 능력을 키워가는 것이 바람직합니다.

『행복한 독서를 위한 독서 태도 교육』(유진 H. 크래머 외 글, 박이정출판사)에서는 "독서 교사는 다음의 세 가지를 학생들에게 반드시 가르쳐야 한다"는 대목이 있습니다.

1. 읽는 방법(How to read)
2. 읽어야 할 책(What to read)
3. 읽기 그 자체(To read)

여기서 '읽는 방법'이란, 책의 갈래에 맞게 주의를 기울여 읽는 기술을 말합니다. '읽어야 할 책'은 말 그대로 읽을 책을 잘 골라주는 것입니다. 저는 어린이에게 좋은 책을 소개하는 데서 나아가 스스로 필요한 책을 골라 읽을 수 있게 가르치는 것을 목표로 하고 있습니다. 여기서 흥미로운 점은 '읽기 그 자체'입니다. 이는 독서를 계속할 수 있는 원동력을 뜻합니다. 바로 즐거움이지요. 아름다운 그림,

재미있는 이야기, 새로운 언어로 가득한 시, 책을 읽기 전에는 몰랐던 지식. 모두 독자를 행복하게 합니다. 우리가 책을 읽는 내적 동기입니다.

지금 어린이의 독서 환경은 무리한 독후 활동, 특히 독서 기록장 쓰기 등 글쓰기를 중심으로 치우쳐 있습니다. 그 결과 독서도, 독서 기록장도 멀리하는 어린이가 많아졌지요. '말로 쓰는 독후감'으로 다시 시작해 보세요.

"책 한 권을 다 읽고도 아이와 무슨 말을 나누어야 좋을지 모르겠다"는 분들을 위해 뒤에서 갈래별로 저의 수업 사례를 나누려고 합니다. 형식적인 독후 활동 대신 한 편의 독립된 글로써 독서 감상문을 쓰는 방법도 소개하겠습니다.

그 전에 말하기가 어린이의 독서력을 어떻게 키우는지 더 얘기해 보겠습니다.

02

자기 생각을 알아가는
가장 좋은 방법

책에는 다른 매체와 비교할 수 없는 많은 장점이 있습니다. 책에 담긴 이야기는 우리의 상상력을 자극하고 간접 경험을 통해 인간관계를 비롯한 세상사를 알게 하며 교훈을 줍니다. 영상이나 게임에도 이야기가 있지만 책만큼 독자 스스로 생각하게 하는 것은 없습니다.

또 좋은 지식책은 지식을 그저 나열하지 않고 독자가 이해할 수 있는 방식으로, 내용과 잘 맞는 방식으로 구성해서 보여줍니다. 포털 사이트 검색이나 텔레비전 프로그램으로는 이런 것을 결코 배울 수 없지요. 한 권의 책을 만들기 위해서는 작가와 편집자, 해당 분야의 전문가들이 힘을 합쳐야 합니다. 한마디로 책은 지적인 매체입니다.

이 말은 독자도 책을 통해 지적인 활동을 하게 된다는 뜻입니다. 책 읽기는 분명히 개인적인 일이지만 결코 외로운 작업이 아닙니다. 아무리 좋은 책이라도 독자가 '읽기'로써 참여하지 않으면 완성될 수 없습니다. 간단한 문장이라도 그것을 읽고 뜻을 이해하는 과정은 독자의 지적 활동 없이 이루어지지 않습니다.

또 좋은 문학 작품의 멋진 표현이나 지식책의 알찬 정보는 말하기와 글쓰기의 훌륭한 교과서이자 재료가 됩니다. 그래서 '책을 많이 읽으면 자연스럽게 말도 잘하고 글도 잘 쓰게 된다'고 생각하기 쉽습니다. 그렇지만 읽는 것만으로 그런 능력이 저절로 길러지지는 않지요.

저는 읽은 것에 대해 잘 말할 수 있어야 글도 잘 쓸 수 있다고 생각합니다. 어린이는 특히 그렇습니다. 생각하는 방법을 배워가는 어린이에게 말하기는 일종의 연습 도구입니다. 말하기를 하면 어린이 스스로 자기 생각을 들을 수 있습니다.

읽은 다음 말하고, 말한 다음 쓰기

책을 읽은 뒤에 바로 일목요연하게 생각이 정리되지는 않습니다. 생각을 말로 표현해 보면 비로소 자신이 어떤 생각을 하고 있는지 알게 됩니다. 말하기 위해 생각을 정리하기도 하지요. 이 책에서 논하는 말하기의 가장 큰 목적은 어린이가 자기 생각을 알게 하는 것입니다. 그러면 글도 잘 쓸 수 있습니다.

글쓰기 역시 자기 생각을 확인하는 훌륭한, 어쩌면 가장 유용한 도구입니다. 그런데 생각하는 방법을 배워가는 어린이에게 글쓰기는 사용 방법을 익히기가 까다로운 도구입니다. 이 연장을 잘 다루도록 돕는 것이 바로 말하기입니다.

쓰기 전에 말하고, 말한 것을 쓰게 해주세요. 글로 쓰일 것을 전제로 말하도록 하면 어린이는 단어를 신중하게 고르고, 문장이 되게 말하려고 하고, 앞뒤가 맞게 말하려고 노력합니다. 책에 대해 잘못 이해한 부분이 있으면 다시 책을 보면서 확인하면 됩니다. 생각이 불분명한 것 같으면 대화를 통해 요점을 만들 수 있습니다.

어린이 입장에서는 말하면서 피드백을 받았기 때문에 글을 쓸 때 자신감이 생깁니다. 글의 뼈대를 알고 있기 때문에 살을 붙이고 옷을 입혀서 말한 내용보다 멋진 글을 완성할 수 있습니다. 설령 말하기가 글쓰기로 연결되지 않더라도 말하기는 충분히 의미가 있습니다. 머릿속에 생각의 회로를 확보했기 때문입니다.

물론 말하기 수업이 거저 이루어지지는 않습니다. 먼저 질문을 적절하게 만들어야 합니다. 내용을 어떻게 이해하고 있는지, 부분 또는 전체에서 어떤 느낌을 받았는지, 작가에게 동의하는지, 책을 읽고 생각이 바뀐 부분이 있는지를 구체적으로 짜임새 있게 물어야 합니다. 이때 질문의 목적은 캐묻는 것이 아니라 생각을 정리하도록 유도하는 것입니다.

책의 갈래와 특징에 따라 걸맞은 대화 포인트를 찾는 것도 중요합니다. 그러자면 책을 잘 읽어야겠지요. 이 점 역시 뒤에서 자세히 다루기로 하겠습니다.

토론과 말하기의
다른 점

책을 읽고 말한다고 하면 흔히 '독서 토론'을 떠올립니다. 그런데 토론이란 무엇일까요? 토론은 공동체의 문제를 민주적이고 효과적으로 해결하는 방식입니다. 찬성하거나 반대할 수 있는 논제를 두고 둘 중 하나의 입장을 정해 논리적인 이유와 근거를 제시하면서 상대방을 설득해야 합니다.

지식과 사고력, 순발력이 두루 있어야 하고 상대의 말을 잘 듣는 집중력과 열린 마음도 필요합니다. 감정에 휩쓸리지 않고 이성적인 태도를 유지해야 하며, 결과도 그렇게 받아들여야 합니다.

'독서 토론'은 책에서 논제를 뽑아 진행하는 것입니다. 등장인물의 말과 행동, 이야기의 결말 등이 주로 논제가 됩니다. 독서 토론을 하면 어린이가 책을 잘 읽었는지 확인할 수 있습니다. 참여자들이 기본적인 배경지식(책의 내용)을 공유한 상태에서 토론을 시작한다는 큰 장점도 있습니다. 사회 경험이 적은 어린이와 청소년 들이 책을 통해 다양한 주제를 마주하는 점도 좋습니다. 교육적인 가치가 큰 활동으로, 학교 수업은 물론이고 동아리 등에서도 많이 이루어지고 있습니다.

그런데 토론이라는 형식은 어린이에게 부담이 될 때가 많습니다. 일단 '찬성이냐 반대냐'를 정하는 것부터 간단하지 않습니다. 양쪽 모두 그럴듯한 근거가 있다면 마음을 정하기가 어렵습니다. 어린이들은 종종 "저는 반대이기도 하고 찬성이기도 해요" "이런 점에서는 찬성인데 저런 점에서는 반대예요" "중간은 없어요?"라며 난감해합니다. 또는 한쪽을 지지할 이유가 너무나 명확해서 찬반을 나눌 수 없을 때도 있습니다.

토론하는 방법 자체를 익히는 수업이라면 어느 쪽이든 입장을 정하도록 독려하고, 나아가 자신과 반대되는 입장에서 토론하도록 할 수도 있습니다. 그러나 책 이야기가 중심이라면 굳이 그럴 필요가 없습니다. 또 잘 만든 이야기라면 주인공의 행동이나 결말에 개연성이 있기 때문에 찬반 토론에 별 의미가 없을 때도 많습니다.

논리적인 이유와 근거를 들어 주장을 반박하고, 승패를 냉정하게 받아들이는 것도 어린이에게는 버거운 일입니다. 상대에게 지지 않으려고 근거를 찾다 보면 억지 주장이 되기 쉽고 그러다 지면 당연히 감정이 상합니다. 이렇다 보니 독서 토론을 하면서도 어린이에게 "승패가 중요하지 않다" "자기만의 답을 찾는 것이 중요하다"는 식으로 뭉뚱그려 설명하게 됩니다. 그렇지만 토론은 애초에 승패가 중요한 게 사실입니다. 이기기 위해 논리를 다듬는 것을 배워야 하지요. 승패가 중요하지 않다면, 자기만의 답이 더 중요하다면, 굳이 토론을 해야 할까요?

말하기로 나만의 관점 세우기

그런 뜻에서 독서교실의 말하기는 토론과 구분하고 있습니다. 물론 필요하고 적절한 주제라면 토론을 진행하지만, 말하기가 더 중요한 부분입니다. 규칙과 훈련이 필요한 토론에 비해 말하기는 관심과 공감, 표현하고자 하는 의지를 바탕으로 하기 때문에 재미가 있습니다.

심지어 서로 다른 책을 읽은 어린이들끼리도 말하기를 할 수 있습니다. 『옹고집전』을 읽고 조선후기 서민 소설에 대해 공부한 뒤 다빈이와 동건이, 성찬이는 각자 『전우치전』『박씨부인전』『흥보

전』을 읽었습니다. 각자 읽은 책을 소개하고 거기서 보이는 새로운 사회상에 대해 말해보았지요.

재혁이와 우찬이는 각자『로테와 루이제』(에리히 캐스트너 글, 발터 트리어 그림, 시공주니어)『내가 그 녀석이고 그 녀석이 나이고』(야마나카 히사시 글, 정지혜 그림, 사계절)를 읽고 서로에게 소개해 주기로 했습니다.

『로테와 루이제』는 아기였을 때 부모가 이혼한 바람에 서로의 존재를 모르고 살던 쌍둥이 자매 이야기입니다. 캠프에서 우연히 만나 그 사실을 알게 된 둘은 집을 맞바꿔 돌아가서는 부모를 재혼시키는 데 성공합니다.『내가 그 녀석이고 그 녀석이 나이고』는 특별한 힘으로 몸이 뒤바뀐 여자아이와 남자아이 이야기입니다. 사태를 해결할 때까지 집을 맞바꿔 살며 몸을 되찾으려 애쓰는 내용으로 두 책에는 공통점과 차이점이 있습니다.

각자 읽은 책을 '발단(이야기가 시작되는 계기)'까지만 소개하게 한 뒤 뒷부분이 궁금하면 '맞바꿔' 읽기로 했습니다. 물론 둘은 맞바꿔 읽었습니다.

책을 읽고 말할 거리는 아주 많습니다. 읽기 전에 제목과 표지만 보고도 "무슨 이야기일까?" "왜 이런 그림을 표지에 그렸을까?"를 말할 수 있습니다. 읽는 중에 내용을 예측하거나 궁금증을 키우는 대화도 나눌 수 있습니다. 책과 관련된 책 밖의 이야기를 나눌 수도 있지요. 다 읽은 뒤 동의할 수 없는 내용이 있다면 반론을 제기하며 토론을 시작할 수 있습니다.

　말하기를 통해 자기 생각을 알아가는 것은 곧 관점을 세우는 것입니다. 책 읽기의 큰 소득이자 목표이지요. 그뿐만 아니라 관점을 가지면 독서의 질이 달라집니다. 더 자세히, 더 비판적으로, 더 열린 마음으로 읽을 수 있게 됩니다.

읽기를 돕는 말하기,
말하기를 돕는 읽기

말하기는 자기표현과 의사소통에 있어 중요한 기술입니다. 말은 그 사람의 지적인 수준이나 인성도 고스란히 드러내지요. 어린이에게는 말하기를 배우고 연습할 기회가 필요합니다. 그런데 아이가 '말을 잘한다'고 할 때는 말하기를 좋아하거나(많이 하거나), 발표를 잘하거나, 독특한 표현을 쓰거나, 남을 잘 웃기는 경우를 가리킬 때가 많습니다. 말을 잘하는 아이가 리더십이 있다며 '요령 있게' 말하는 방법을 가르치는 책과 강연도 있지요.

그런데 저는 상대가 이해할 수 있게 말하는 것이 정말 좋은 말하기라고 생각합니다. 주제에 맞는 내용을 적절한 어휘와 호흡으로 표현하는 것, 요점이 드러나게 말하는 것이 좋은 말하기입니다. 잘 듣는 태도 역시 말하기에 포함됩니다. 말수가 많고 적은 것이나 숫기가 있고 없는 것과 별개의 문제입니다. 결코 쉬운 일은 아니지만, 누구나 배울 수 있고 배워야 합니다.

책을 읽고 말하기를 하면 그 책에서 사용된 어휘와 개념 등을 활용하게 됩니다. 평소에 잘 쓰지 않던 말을 맥락에 맞게 사용하는 연습을 할 수 있습니다. 어린이가 "이 그림책은 상상력이 특이해요"라고 말했다면 "그래, 참 기발하지" 하고 답해서 새로운 표현을 익히게 할 수도 있습니다. 말이 너무 길게 늘어진다면 책의 주요 내용을 중심으로 할 말을 간추리게 할 수 있습니다. 반대로 단답형으로 말하는 어린이라면 책을 바탕으로 자세히 말하는 연습을 할 수 있겠지요.

다양한 주제를 다룰 수 있다는 것도 말하기 독서의 장점입니다. 일상생활을 벗어나 새로운 내용으로 아이와 대화할 수 있습니다. 4학년 하림이는 어머니와 『8시에 만나!』(울리히 흄 글, 요르그 뮐레 그림, 현암사)를 읽고 이야기를 나누었습니다. '노아의 방주'를 모티프로 한 재미있는 이야기책이지요.

대홍수를 앞두고 방주 탑승권을 두 장 받은 세 마리 펭귄이 밀항을 시도하는데, 독자는 이들이 비둘기에게 들킬까 봐 긴장되는 한편 절묘한 상황에 계속 웃음을 터뜨리게 됩니다. 하림이 어머니는 이 책을 읽고 아이와 함께 "신이 정말 있을까?"라는 심오한 주제로 대화를 나누었다고 합니다. 이 책으로 연극을 만든다면 누가 어떤 역할을 맡으면 좋을지를 두고 재미있는 대화도 이어졌고요.

책은 말하기의 단서를 줍니다. 책 없이도 말할 수 있지만 책이 있으면 더 재미있게, 다양하게, 좋은 내용으로 말할 수 있습니다. 말하기를 어려워하는 어린이도 책에 기대어 출발할 수 있습니다.

말하기를
잘 지도하려면

어린이의 수준과 상황에 따라 질문을 만들면 누구든 책에 대해서, 자기에 대해서 잘 말할 수 있습니다. 어린이와 함께 책을 읽고 대화를 나누려면 부모님이나 선생님도 준비가 필요합니다.

다음은 독서교실 수업을 위해 제가 정한 원칙들입니다. 저 역시 잘 되지 않을 때가 많지만 한번씩 점검하면서 마음을 다지곤 합니다. 이 책을 읽으시는 부모님들도 자기만의 원칙을 세워보면 좋겠습니다.

• 말할 내용을 분명히 한다

어린이에게 질문을 할 때는 물론이고 지식을 전할 때도 지금 하고 있는 말이 정확히 무엇에 관한 것인지 분명히 정해야 합니다. 어린이에게 하고 싶은 이야기가 여러 가지일 때는 순서를 정하고, 마음속으로 이 대화의 결말도 그려보세요. 어린이와의 대화가 다른 길로 갈 때는 중심을 잡되 새로운 내용과 뜻밖의 마무리라도 의미가 있다면 폭넓게 받아들입니다.

• 유의미한 질문을 만든다

형식적인 대화를 피하고 의미 있는 질문을 하려고 노력합니다. 정답을 아는지 묻는 것이 아니라 '알고 있는 내용이 무엇인지' '어떤 식으로 이해했는지' 묻습니다. 답을 들은 다음에도 대화가 오갈 수 있는 질문을 던지려고 노력합니다. 범위가 너무 넓지 않으면서 대답할 내용을 고를 수 있는 질문이 좋습니다.

예를 들면 "학교생활은 어떠니?"보다 "요즘 학교에서 제일 하기 싫은 일이 뭐니?"가 더 좋은 질문입니다. 5학년 유호는 이 질문에 학예회 준비가 제일 싫다고 답했습니다.

"학예회의 어떤 점이 싫어? 사람들 앞에 나서는 것? 아니면 다른 이유가 있어?"

"날마다 연습해야 되는 게 싫어요. 그런데 학예회는 왜 하는 거예요?"

"유호도 생각해 봤을 텐데, 왜 하는 것 같아?"

"아이들이 이런 것을 배웠다, 하고 보여주려고요."

"그런 것도 있겠지. 부모님이나 다른 학년 아이들은 궁금할 수도 있으니까. 그런데 학예회는 준비하는 것 자체도 교육이라고 알고 있어. 귀찮아도 꾹 참고 하는 것, 친구들이랑 호흡을 맞추는 것, 집중해서 공연 잘 하는 것들을 배우는 거래."

"네. 그런데 무슨 공연을 할지를 선생님이 혼자 정하는 건 좀 안 좋아요."

"그러네. 기왕이면 실제로 공연하는 어린이들 의견을 들어주시면 좋겠다. 무슨 공연 하는데?"

"리코더 연주요. 손가락도 아프고 넷째, 다섯째 손가락이 잘 안돼요."

"선생님은 어렸을 때 리코더 싫어했어. 손가락도 아프고, 안에 침 고이는 것도 질색이었어!"

"그런데 그거 막 그냥 터는 애들도 있어요. 저도 그거 싫어요!"

• 말투와 내용을 분리해서 지도한다

우리는 모두 글씨체가 다른 것처럼 말하는 모습도 다릅니다. 어떤 어린이는 질문에 금방 대답하고, 어떤 어린이는 답을 오래 고릅니다. 목소리의 높낮이와 말하는 속도도 다르지요. 이는 맞고 틀린 문제가 아니므로 어린이의 개성을 존중해야 합니다. 말하는 스타일보다 말의 내용에 집중해서 지도한다는 뜻입니다. 고쳐야 할 대화 예절과 발표 태도, 말투가 있다면 어린이가 말하는 내용과 분리해서 지도합니다.

• '모범'을 보인다

어린이에게는 말하기의 모범이 필요합니다. 어린이 앞에서는 유행어나 줄임말을 쓰지 않으며, 발음을 정확하게 합니다. 낱말로 끝내기보다 문장 형식으로 말하도록 노력하고, 문장이 길어지지 않게 신경 씁니다. 상대가 알아주기를 바라는 애매한 표현 대신 뜻이 명료한 표현을 씁니다. "방이 어질러져 있네"보다 "방을 청소해라"가 좋습니다. 저 자신도 어린이로부터 듣고 싶은 방식으로 말하려 노력하고 있습니다.

또한 뜻과 활용을 가르칠 수 있는 상황이라면 어린이 수준보다 조금 어려운 어휘를 섞어서 씁니다. 꼭 필요한 경우가 아니면 일일이 그 말들을 가르치려 하기보다, "그 말이 무슨 뜻이에요?" 하고 물었을 때 칭찬하고 뜻을 알려주는 식이 좋습니다. 이번에 모르고 지나가도 다음에 가르쳐줄 기회는 늘 있으니까요.

어린이와 눈을 마주치고 고개를 끄덕이거나 중간중간 "재미있는 이야기다" "그 표현 좋다" "그 부분 잘 못 들었어. 미안하지만 다시 얘기해 줘" 같은 말로 지금 집중하고 있다는 것을 알립니다. 이것은 듣는 태도를 가르치는 일이기도 합니다.

• 공감을 바탕으로 대화한다

너무나 당연한 말이지만 말하기는 듣기를 전제로 합니다. 듣는 사람의 역할이 중요하지요. 어린이와 말하기를 할 때 특별히 신경 쓰지 않으면 추궁하거나 혼내는 분위기가 되기 쉽습니다.

어린이가 하는 말이 잘 이해되지 않아도 "그게 무슨 말이야?" 하기보다 "어려운 말이네. 차근차근 다시 얘기해 보자" 하고 다독여주세요. 어린이가 말한 내용이 마음에 들지 않더라도 일단은 받아주세요. "주인공이 욕을 할 만한 상황이었어요. 저도 그럴 땐 욕해요"라고 말했다면 "화가 나면 무슨 말이든 나올 수도 있어. 안 그러려고 노력하는 게 중요하지" 하는 것이 좋습니다.

무엇이든 말할 수 있는 분위기가 되어야 배울 수 있습니다. 이것은 말하기 수업이 아니더라도 마찬가지입니다.

2장

그림이
창의성을
자극한다
그림책 말하기

창의성은
어디에서 올까

그림책은 어느 자리에서나 환영받습니다. 유아와 어린이, 청소년은 물론이고, 어른들이 모인 자리에서도 그림책을 꺼내면 모두 표정부터 달라지지요. 갑자기 그림책이 그 공간의 중심을 차지합니다. 처음 보는 그림책뿐 아니라 잘 알던 그림책도, 심지어 평소에는 별로 좋아하지 않던 그림책도 누군가 읽어주면 새롭게 보이게 마련입니다.

그림책이 사랑받는 가장 큰 이유는 그림에 있습니다. 그림은 언어의 제약을 받지 않고 메시지를 전달합니다. 화가가 어느 나라 사람이든, 주인공이 웃는 모습을 보면 독자는 그의 기분을 알 수 있습니다. 책 읽기에 능숙하지 않은 사람도 비교적 쉽게 그림책을 감상할 수 있지요.

제가 초보 편집자로 일할 때 낯선 나라의 그림책을 두고 선배들은 "그림만 봐도 좋은 책이면 번역 검토를 내보낼 만하다"고 가르쳐 주었습니다. 글자를 모르는 어린이들이 그림책을 고를 때의 기준도 비슷하기 때문이라는 것입니다. 『책을 어떻게 읽을까』(케이트 메스너 글, 마크 시겔 그림, 봄의정원)를 읽었을 때 1학년 하울이도 비슷한 말을 했습니다.

"여기에 안 나온 방법이 있는데, 어떤 책은 그림만 봐도 돼요!"

저는 무엇보다 그림책이 어린이를 창의성의 세계로 안내하는 훌륭한 매체라는 점을 강조하고 싶습니다. 좋은 그림책은 새로운 소재를 보여줄 뿐 아니라, 익숙한 소재를 보는 새로운 시각도 만나게 해줍니다(참신성). 작가는 아이디어를 가장 효과적으로 드러낼 수 있는 전개 방식을 찾아냅니다(효과성). 또한 그림책의 주제는 어린이의 지적, 정서적 성장을 돕습니다(윤리성). 참신성, 효과성, 윤리성은 창의성 연구자들이 발견한 '창의적 산물'의 핵심 요소입니다.*

그림책을 읽을 때 우리는 작가의 창의성을 만날 뿐 아니라, 스스로의 창의성을 자극하기도 합니다. 새롭게 볼 수 있다는 사실을 알

* 『일본의 아이디어 발상 교육』 권혜숙 외, 대교출판, 2009

면 새롭게 보고 싶어지고, 더 나은 방법이 있다는 것을 알면 더 나은 방법을 찾고 싶어지는 법이지요. 그런 순간을 만나면 갑자기 세상이 커지는 것만 같습니다. 그림책을 보면 기분이 좋아지는 것도 이런 이유가 아닐까요?

덧붙여 그림책은 읽는 사람 각자의 경험과 지적, 정서적 상황에 따라 다르게 받아들여집니다. 그래서 그림책을 읽고 말하면 서로 다른 감상을 듣는 즐거움을 느낄 수 있습니다. 여러 번 다시 읽으면서 자신의 감상을 더욱 풍성하게 만들 수도 있습니다. 이 점이 특히 중요합니다. 그림책 말하기는 책을 다양한 방법으로 읽을 수 있다는 것, 생각의 길이 여러 갈래 있을 수 있다는 것을 가르쳐줍니다.

사실 저는 독서교실에서 어린이들과 그림책을 읽고 이야기를 나눌 때 혹시라도 저의 감상이 정답인 것처럼 가르치게 될까 봐 걱정했습니다. 한편으로는 어린이가 작품의 가장 멋진 부분을 못 알아볼까 봐 초조하기도 했고요. 그런데 제일 좋은 말하기의 지침은 역시 그림책 자체에 있었습니다. 그림책의 '그림'과 '형식'이 말하기의 물꼬를 터 주었지요.

아이와 함께 그림책을 다 읽고 "끝!" 하고 외친 뒤 무슨 말을 해야 할지 망설여지는 분들께 이 장의 내용이 참고가 되었으면 좋겠습니다. 그렇다면 먼저 그림책을 '잘' 읽는 데서 시작해야겠지요?

어린이에게 그림책을
잘 읽어주려면

초보 독자인 어린이는 보통 그림책을 통해 책의 세계로 들어갑니다. 책 속에 그림이 있고, 그것이 이야기가 된다는 발견은 어린이에게 신선한 충격이지요. 책을 좋아하는 마음이 싹트기 딱 좋은 때입니다. 그런데 이 싹은 절로 나무가 되지 않습니다. '읽어주는 사람'이 꼭 필요합니다.

어른이 그림책을 읽어주면 어린이는 마음 놓고 독서를 즐길 수 있습니다. 이야기를 듣고 그림을 보면서 이해하고 느끼는 시간을 충분히 가질 수 있으니까요. 아이가 한글을 다 뗐는데도 계속 읽어주면 스스로 책 읽는 습관을 들이지 못할까 봐 걱정하는 분들도 계시지요. 하지만 그런 이유로 읽어주기를 그만두면, 어린이는 독서 자체를 그만둘 확률이 높습니다. 더듬더듬 글을 읽느라 전체 문장을 이해하기 어렵고, 무엇보다 그림에 빠져들 여유가 없기 때문입니다.

부모와 아이가 '읽어주기-듣기'로 연결될 때의 특별한 감정은 무엇과도 비교될 수 없는 소중한 것입니다. 어린이가 자기 힘으로 책을 읽는 문제는 4장인 '동화 말하기'에서 자세히 다루었습니다. 여기에서는 먼저 그림책을 잘 읽어주는 방법을 소개합니다.

자연스럽게, 정확하게 읽자

어린이에게 있어 어른과 함께 그림책을 읽는 시간은 이야기를 '듣는' 시간이기도 합니다. 어린이는 책에 적힌 글자를 읽기보다 말소리를 듣는 것으로 책의 전개를 따라갑니다. 그래서 저는 어린이에게 그림책을 읽어줄 때는 자연스러운 목소리로 말하듯이 읽는 것이 좋다고 생각합니다. 과장하지 않아도 됩니다.

좋은 그림책은 자연스럽게 읽는 즐거움을 느낄 수 있도록 문장이 잘 배열되어 있습니다. 적힌 글의 내용에 따라 말소리의 높낮이와 크기, 속도를 조정하는 것으로 충분합니다. '높이 올라갔어요'를 낮은 목소리로, '천천히 걸었어요'를 빠른 속도로 읽을 사람은 없을 테니까요.

　물론 때로는 글에 없는 말을 넣어 흥을 돋우거나 연극적으로 읽어도 재미있습니다. 그런데 어느 정도 그림책 읽기에 익숙한 어린이라면 과장된 톤 때문에 오히려 몰입에 방해를 받기도 합니다. 읽어주는 사람도 힘들지요. 읽는 사람에게 부담스럽지 않은 정도가 듣기에도 적당합니다. 어린이에게 읽기의 모범을 보인다는 자세로, 발음과 끊어 읽기에 신경 쓰면서 알맞은 속도로 읽어주세요.

읽지 않고도 말할 수 있다

　어린이에게 그림책을 읽어주기 전에 적당히 뜸을 들이는 것도 필요합니다. 표지를 보면서 제목이나 그림에 대해 짧게나마 대화를 나누면 읽을 때 집중하는 정도가 확실히 달라집니다.

　표지만 보고 어떤 내용일지 짐작해 보는 것은 아주 간단한 활동이지만 효과가 큽니다. 표지를 통해 이 책이 어떤 분위기의 그림책일지 파악할 수 있고, 짐작한 바가 맞는지 확인하느라 끝까지 열심히 보기 때문입니다. 어린이의 상황이나 경험과 연관 지어 관심을 일으키는 것도 좋겠지요.

　『펭귄 365』(장-뤽 프로망탈 글, 조엘 졸리베 그림, 보림)는 수많은 펭귄들

『펭귄 365』   『여우』

과 당황한 사람들이 그려진 표지도 재미있지만, 무엇보다 제목이
독특합니다. '365'는 펭귄 숫자를 뜻할까요, 1년을 뜻할까요? (정답은
둘 다입니다.)

『여우』(마거릿 와일드 글, 론 브룩스 그림, 파랑새)는 정면을 바라보는 여
우의 표정이 예사롭지 않은 그림책입니다. 6학년 어린이들은 이 표
지를 보고 "으스스해요" "속마음이 다른 것 같아요" "옆에 있는 까치
랑 작전을 짜는 것 같아요" 하고 느낌을 말했습니다. 희망과 절망,
우정과 질투, 신뢰와 배신을 두루 담은 그림책이니 어린이들의 첫
인상이 꽤 정확했다고 할 수 있지요.

2학년 시우가 『쥐 둔갑 타령』(박윤규 글, 이광익 그림, 시공주니어)을 읽
고 싶다고 했을 때 저는 조금 걱정했습니다. 캄캄한 것을 싫어하고

종종 무서운 꿈을 꾸기도 하는 시우는 우화 속에서 동물들이 서로 잡아먹는 장면만 나와도 긴장하는 어린이입니다. 쥐가 사람 손톱을 갉아먹고 사람으로 변신하는 그림책 내용 때문에 밤잠을 설치면 어떡하나 싶었습니다. 그래서 일단 왜 이 책을 골랐는지 물었습니다.

"제목이 재미있을 것 같아서요."

시우는 '둔갑'은 무슨 뜻인지 모르지만 '타령'은 노래 같은 것이라고 알고 있었습니다.

"둔갑은 변신한다는 거야."

"그럼 재미있겠네요!"

"근데 좀 무서울 수도 있어. 이 쥐가 이 할아버지의…."

"선생님! 아직 말하지 마세요. 읽어봐야죠."

"그럼 읽다가 혹시 무서울 것 같으면 얘기해. 선생님이 뒷부분은 짧게 말해줄게."

시우는 읽는 중에 "이 사람 나쁜 사람이에요?" "옛날 옷에는 (소매에) 고양이가 들어가요?" 하고 질문을 해가면서 끝까지 잘 읽었습니다. 노래는 아니지만 타령조의 문장도 재미있었던 모양입니다.

고양이 때문에 쥐가 본모습으로 돌아오는 그림을 볼 때는 무서워했던 것 같은데, 마음의 준비가 되었던 덕분인지 잘 넘어갔습니다. 오히려 "선생님이 무섭다고 해서 조금 걱정했는데 이 정도는 괜찮아요" 하고 여유를 부리기도 했습니다.

읽다가 모르는 낱말이 나오면

그림책을 읽어주다 보면 아이에게 낯설 것 같은 낱말이 나올 때가 많습니다. 읽어주는 어른으로서는 아이가 말뜻을 알고 있는지 궁금하기도 하고, 이 말을 알아야 줄거리를 이해할 것 같아서 그냥 넘어가기 어렵지요. 그래서 "무슨 뜻인지 알아?" "이 말은 이런 뜻이야" 하고 덧붙이기 쉽습니다. 그런데 어린이가 먼저 묻지 않으면 되도록 질문이나 뜻풀이는 삼가는 게 좋습니다. 이유는 두 가지입니다.

첫째, 어린이로서는 그림책을 보던 중에 자꾸 질문을 받으면 감상이 흐트러질 수밖에 없습니다. 재미있는 드라마를 보고 있는데 누가 계속 말을 시키는 상황을 떠올려보면 어린이의 심정이 이해될 것입니다.

둘째, 어린이가 뜻을 묻지 않는 것은 그 말의 뜻을 어렴풋이나마 알고 있거나, 그것을 몰라도 나름대로 내용을 이해하고 있다는 의미입니다. 낱말의 뜻과 활용은 문맥에서 배우는 것이 가장 좋습니다. 처음에는 인식조차 하지 못하고 지나간 낱말도 언제든 다시 만날 수 있습니다. 언어의 세계는 그림책 한 권보다 훨씬 넓으니까요.

옛이야기 그림책 『정신 없는 도깨비』(서정오 글, 홍영우 그림, 보리)는 첫 페이지에 이런 말이 나옵니다.

"(농사꾼은) 자기 땅이 없으니까 남의 집에 품이나 팔아서 먹고 살았지."

'품을 판다'는 말을 설명하자면 길어지지만, 책장을 넘기면 금방 짐작할 수 있는 내용이 나옵니다.

"하루는 남의 집에 가서 농사일을 해주고 품삯으로 돈 서 푼을 받았어."

남의 집에서 일을 해주고 돈을 받는 게 바로 '품을 파는 것'임을 짐작할 수 있습니다. 농사꾼은 그 돈을 '괴춤'에 넣고 집에 오는데, 그럼 괴춤은 무엇일까요? 무슨 뜻인지는 몰라도 가난한 사람이 그날 번 돈을 함부로 간수할 리 없다는 것은 알 수 있겠지요.

물론 사전을 찾아 자세히 알아볼 수도 있습니다. 괴춤은 '고의춤'의 준말로, 고의나 바지의 허리 부분을 접어서 여민 부분을 뜻합니다. 이 말의 뜻을 알면 옛날 옷에 주머니가 없다는 사실을 배울 수 있겠지요. 또 농사꾼이 따로 돈주머니를 가질 처지가 아니라는 것도 새삼 생각하게 될 것입니다. 하지만 이 말을 몰라도, 건망증 심한 도깨비가 서 푼을 갚고 또 갚아 농사꾼이 부자가 되는 이야기를 읽는 데는 아무런 문제가 없습니다.

그러면 어린이가 말의 뜻을 몰라서 물어봤을 때는 어떻게 할까요? 곧장 가르쳐주거나 함께 국어사전을 찾아 해결합니다. 어린이로서는 그 낱말을 몰라서 내용을 이해하지 못하는 건데, "무슨 뜻일지 생각해 봐" "앞부분을 잘 보면 짐작할 수 있어" 하는 주문을 받으면 이야기에 흥미가 떨어지고 주의도 흐트러지기 쉽습니다. 문맥을 보고 낱말의 뜻을 짐작하는 것은 동화책이나 지식책을 읽으면서 연습해도 됩니다.

줄거리를 잘 따라오고 있는지, 특정한 장면을 잘 이해했는지도 마찬가지입니다. 꼬치꼬치 묻기보다는 읽기가 끝난 뒤 말하기에서 확인하는 쪽이 좋습니다. 앞으로 어떻게 전개될 것 같은지 한두 번 물을 수는 있지만, 저는 그것도 그림책을 읽는 동안 반드시 해야 하는 질문은 아니라고 생각합니다.

소리 내어 생각하기

그렇다고 해서 다른 말은 하지 말고 책만 보라는 뜻은 당연히 아닙니다. 대화는 언제나 환영입니다. 다만 어른이 일방적으로 묻고 어린이가 대답하는 것은 문답이지 대화가 아님을 기억해야 합니다. 책을 읽으면서 대화를 나누는 이유는 생각하면서 책 읽는 법을 가르치기 위해서입니다. 그러자면 어른이 모범을 보이는 것이 좋습니다. 저는 그것을 '소리 내어 생각하기'라고 부릅니다.

『당나귀 실베스터와 요술 조약돌』(윌리엄 스타이그 글·그림, 비룡소)은 요술 조약돌을 발견한 실베스터가 소원을 잘못 비는 바람에 바위로 변해버렸다가 간신히 가족의 품으로 돌아오는 이야기입니다. 2학년 지후와 이 책을 읽었습니다. 첫 장에 실베스터는 모양과 색깔이 특이한 조약돌을 모으는 것을 아주 좋아했다는 대목이 나와서 제가 먼저 말했습니다.

"실베스터처럼 나도 어렸을 때 조그만 메모지 모으는 걸 좋아했어. 지금도 예쁜 수첩이랑 공책이랑 그냥 지나치질 못해. 지후는 뭐 모으는 거 없어?"

"저는 포켓몬 카드 모았는데, 요즘은 잘 안 모아요."

실베스터가 바위로 변해버린 곳은 '딸기 언덕'인데, 이 말이 나오자 이번에는 지후가 먼저 "어, 나 딸기 좋아하는데" 하고 말을 꺼냈습니다. 이후에 동네 개들이 실베스터를 찾아 마을 안팎을 가보는 장면에서는 딸기 언덕의 바위 위도 살펴보았다는 대목이 나옵니다. 그러자 지후가 "어? 그러면 이 바위가 실베스터 아니에요?" 하고 알아보았습니다. 겨울에 바위가 된 실베스터 위에 늑대 한 마리가 올라앉아 울었다는 대목에서는 지후가 자처해서 늑대 연기도 해보였지요.

나중에 실베스터의 엄마 아빠가 시름에 잠겨 지내다 딸기 언덕으로 나들이를 가는 장면이 나왔습니다. 그러자 지후는 "와, 이제 만날 것 같아요. 그런데 아직 바위인데 어떡해요?" 하며 책에서 눈을 떼지 못했습니다.

　책을 아직 안 본 분들을 위해 실베스터가 어떻게 해서 자기 모습을 찾았는지 여기 적지는 않겠습니다. 다만 지후가 "아주아주 잘 된 이야기예요"라며 몇 번을 다시 읽었다는 것만 말씀드리지요.

그림책의 언어는
그림이다

어린이들은 종종 내용을 알기도 전에 어떤 그림책을 마음에 들어 합니다. 그림 때문이지요. 당연하게도 그림책 읽기의 가장 중요한 부분은 그림 보기입니다. 많은 이들이 그림책을 어린이가 만나는 첫 예술품이라고 말하고, 그림책 서가를 미술관에 비유하는 것은 결코 과장이 아닙니다. 그림책의 아름다운 그림은 확실히 우리 눈길과 마음을 사로잡습니다.

그런데 우리는 무엇을 '아름답다'고 하는 것일까요? 이것이 바로 그림책 말하기의 주제 중 하나입니다.

많은 사람이 좋아하는 그림을 보면 일반적인 아름다움의 기준을 짐작할 수 있습니다. 안정된 구도, 노련한 드로잉, 그에 걸맞은 채색 같은 것 말이지요. 그렇지만 한편으로 우리는 각자 다른 미적 기준을 가지고 있어서, 아름답다고 느끼는 대상이 조금씩 다릅니다.

동양화풍으로 담백하게 그려진 우리나라 옛이야기 그림책을 보고 또 보며 좋아하는 어린이가 있는가 하면, "이렇게 흐린 그림은 별로예요"라고 말하는 어린이가 있습니다. 한 가지 색으로 그려진 그림을 단조롭게 여기는 어린이가 있는가 하면, 그런 그림의 독특한 분위기에 곧장 푹 빠지는 어린이도 있지요.

어떤 그림을 좋아하는지, 그림에서 무엇이 느껴지는지 말해보면 스스로 몰랐던 취향도 발견할 수 있습니다. 취향을 확인하면 책 읽기가 더 즐거워집니다. 어린이와 어른, 어린이와 어린이, 어른과 어른이 각자의 그림 취향을 말해보세요. 그림을 보는 눈이 넓어지고 감상이 풍성해집니다. 그림책 말하기의 재미있는 점입니다.

그림을 보면 어떤 느낌이 들까?

그림에 대한 감상을 나눌 때 어린이에게 무작정 "그림이 어때?"라고 물으면 답도 "좋아요"나 "그냥 그래요"에서 더 나아기가 어렵습니다.

『조지 아저씨네 정원』(게르다 마리 샤이들 글, 베너뎃 와츠 그림, 시공주니어)의 그림은 색연필과 파스텔로 부드럽게 그려졌습니다. 하울이는 이 책의 표지만 보고도 "저 이 책 좋아요!"라고 했습니다. 물론 그림 때문이지요.

『조지 아저씨네 정원』

"이 그림 보니까 어떤 느낌이 들어?"

"은은해요." (이 무렵 한창 하울이가 많이 쓰던 말입니다.)

"정말 그러네. (그림의 윤곽선이 뚜렷하지 않아 흐릿한 느낌이 있습니다.) 선생님은 부드러운 느낌이 들어. 또 색깔이 많아서 화려하게 보이고."

"예쁜 색이 많아요."

"(책장을 넘기며) 하울이는 여기서 무슨 색이 제일 좋아?"

"여기 보라색이요."

"나는 여기 분홍색이 좋아."

"저도 분홍색도 좋아요. 그리고 여기 초록색도요. 알았다! 이 책 제목이 '조지 아저씨네 정원'이잖아요. 그래서 이렇게 색깔이 많은가 봐요. 꽃이 많아서."

"잘됐다. 하울이는 나무랑 꽃이랑 좋아하지?"

"네, 맞아요. 그리고 이렇게 색깔이 많이 들어간 책도 좋아요."

『조지 아저씨네 정원』을 읽은 뒤 제가 하울이에게 추천한 책은 『사라지는 동물 친구들』(이자벨라 버넬 글·그림, 그림책공작소)입니다. 열대우림, 산호초, 사막 등에 사는 멸종 위기 동물을 소개하는 그림책으로, 그림 속에 숨어 있는 동물들을 찾게 되어 있습니다. 동물들의 다양한 서식 환경이 화려한 수채화로 그려져 있어서 보는 내내 눈이 즐겁습니다. 다채로운 표현 자체가 '생물의 다양성을 지키자'라는 주제를 품고 있는 점도 좋습니다. 하울이는 "멋진 그림책"이라며 좋아했습니다.

2학년 희서는 자기가 제일 좋아하는 책이라며 『샌지와 빵집 주인』(로빈 자네스 글, 코키 폴 그림, 비룡소)을 저에게 소개했습니다. 욕심쟁이 빵집 주인이 샌지에게 '빵 냄새 맡은 값'을 요구하자 재판관은 '동전 떨어지는 소리'로 갚으라는 판결을 내립니다. 재치 있는 이야기 때문에 사랑받는 이른바 스테디셀러인데, 희서가 이 책을 좋아하는 이유는 "그림이 맛있게 생겨서"라고 합니다. 정확하게는 빵집의 빵이 맛있어 보인다는 것이지요.

"이 책을 보면 빵이 먹고 싶어져요."

"맞아, 선생님도 그래. 책에서 빵 냄새가 진짜로 나는 것 같지."

"빵 냄새(연기로 표현되었습니다)도 맛있을 것 같아요. 이렇게 만화처럼 된 책이 좋아요."

"말풍선도 없는데 왜 만화처럼 느껴질까?"

"여기 코가 이렇게 크게 그려진 것(샌지가 냄새 맡는 그림)도 그렇고, 여기 (빵집 주인이) 땡그랑 소리 듣는 것도 애니메이션 같아요."

희서가 이 책을 애니메이션 같다고 한 것은 생동감을 느꼈기 때문입니다. 실제로 『샌지와 빵집 주인』의 그림은 독자의 시각, 후각, 청각을 고루 자극합니다.

그림 스타일은 다르지만 역시 생동감이 느껴지는 『간질간질』(서현 글·그림, 사계절)은 함께 볼 만한 책입니다. 떨어진 머리카락들이 '나'가 되어 진짜 '나'와 함께 춤추며 노는 모습이 유쾌하지요. 주인공이 춤추는 모습만 봐도 음악이 들리는 것 같습니다. 희서뿐 아니라 유머러스한 그림을 좋아하는 어린이라면 환영할 것입니다. 그림에서 느껴지는 냄새나 소리도 좋은 대화 주제가 됩니다.

특별한 장면 말하기

그림책은 32페이지를 기본으로 만들어집니다. 길어도 보통 48페이지를 넘지 않습니다. 속표지나 판권 면 등을 제외하면, 펼친 면으로 많아야 스무 장면이 들어가는 셈입니다. 이 안에서 독자에게 이야기를 소개하고, 흠뻑 빠지게 하고, 재미와 감동을 주기 위해 작가는 썸네일을 여러 번 고쳐가며 무엇을 그리고 무엇을 그리지 않을지 결정합니다.

달리 말하면 우리가 그림책에서 만나는 장면들은 모두 작가의 선택을 거친 것입니다. 그림책을 보면서 작가가 왜 이런 장면을 그렸을까, 이 장면이 우리에게 전하는 메시지는 무엇일까 말해보는 것은 창작 과정을 엿보는 길입니다.

그림책의 어떤 장면이 마음에 드는지 아이와 함께 말해보세요. 『북쪽 나라 여우 이야기』(데지마 게이자부로 글·그림, 보림)의 이야기는 사실 단순합니다. 추운 밤, 사냥을 하다 실패한 어린 여우가 눈부신 겨울 숲의 모습에 넋을 놓았다가 아침이 되어 짝이 될 여우를 만납니다. 그러나 그림은 단순하지 않지요. 얼어붙은 눈, 고단한 여우, 여우보다 필사적으로 달리는 토끼, 눈 덮인 겨울 숲이 보여주는 환상적인 풍경. 어린이들에게 가장 마음에 드는 장면을 골라보자고 하면 여러 의견이 나옵니다.

"토끼가 여우보다 빨리 달리고, 여우보다도 큰 게(크게 그려진 게) 멋있어요."

"여우가 앞을 똑바로 보는 장면이요. 토끼를 놓쳐서 멍한 것 같아요."

"여우가 엄마 생각하는 장면이요. 불쌍해요. 아직 어린데."

"저는 끝에 다른 여우 만나는 장면이 좋아요. 근데 이 여우도 아직 어린데 어떻게 봄에 또 아기 여우들이 태어나요?"

보탤 말도, 대답할 말도 많아집니다.

숨어 있는 재미를 찾아보세요. 앤서니 브라운은 『돼지책』(웅진주니어) 『고릴라』(비룡소) 『터널』(논장) 등의 베스트셀러를 낸 작가로, 난센스가 가득한 초현실주의적인 그림으로 유명하지요. 그런데 앤서니 브라운 특유의 어두운 유머와 기이한 분위기를 내키지 않아 하는 어린이도 있습니다.

같은 작가의 『너도 갖고 싶니?』(웅진주니어)는 그런 어린이들도 즐겁게 볼 수 있는 책입니다. 그림 곳곳에 우스꽝스럽거나 논리적으로 맞지 않는 요소가 숨어 있습니다. 빨랫줄에 걸린 스웨터들이 손을 잡고 있다거나, 소가 주택가 가정집 안에서 창문 밖을 내다보고 있거나, 오리발을 신고 물안경을 쓴 신사가 공원에서 물고기를 산책시키고 있는 식입니다. 주인공 샘이 친구의 온갖 자랑은 들리지도 않는다는 듯 혼자 숲을 바라보는 마지막 장면이 특히 멋집니다. 바위와 나무의 무늬인 듯 몸을 숨기고 있는 동물을 찾는 것도 재미있습니다.

작가가 그림을 그릴 때 어디에 자리 잡고 있었을까도 생각해 보세요. 『위를 봐요!』(정진호 글·그림, 현암주니어)는 교통사고로 걸을 수 없게 된 수지가 옥상에서 내려다본 풍경을 그렸습니다. 사람들의 검은 머리와 우산 행렬만 보던 수지는 사람들이 위를 보았으면 좋겠다고 속으로 외칩니다. 그리고 정말 한 사람이 위를 올려다보면서 수지와 대화를 시작합니다. 그 사람은 옥상에 있는 수지에게 자기 몸 전체를 보여주려고 길에 드러눕습니다. 다른 사람들도, 강아지도, 자전거도 누워서 위를 봅니다. 그러자 수지도 위를 봅니다. 모두가 같은 곳을, 하늘을 봅니다. 작가는 왜 "위를 봐요!"라고 했을까요?

『위를 봐요!』

"심심해서요. 자기도 만날 혼자 있어서 사람들 얼굴을 보고 싶었나 봐요."

"하늘을 보면서 여유를 가지라고요."

"다른 사람들도 살피라는 말 같아요."

지나가던 사람들이 하나둘 길에 드러누워서 수지가 말한 대로 '위'를 보는 장면에서는 자기도 따라 눕는 어린이도 있습니다. 길에 눕는다는 설정이 재미있기도 하지만, 자기도 모르게 그림에 동화되어 새로운 시점을 가져보는 것이지요.

같은 대상을 옆에서 보는 것, 위에서 보는 것, 아래에서 보는 것, 정면으로 보는 것, 모두 다른 모습을 그리게 됩니다. 새로운 관점은 새로운 생각의 출발점이지요.

앞에서 작가는 어떤 장면을 그리고 어떤 장면을 그리지 않을지 결정한다고 했습니다. 그렇다면 그려지지 않은 장면은 어디로 갔을까요? 대부분 독자의 머릿속에 있습니다. 스무 장면 안팎의 그림들이 서로 연속적이지 않더라도, 독자는 그림책을 읽으면서 그 사이에 일어나는 일들을 채워 넣습니다.

그림책 독자는 누구나 능동적인 참여자입니다. 그림책을 읽으며 어린이와 나눈 대화가 특별하지 않아도 실망할 것 없습니다. 읽기 자체가 창조적인 일이기 때문입니다.

어떤 방식으로 그렸을까?

그려진 내용뿐 아니라 그려진 방식도 중요합니다. 어린이는 다양한 기법으로 그린 그림책을 보면서 예술의 세계에 친숙해져 갑니다. 작가가 그런 식으로 표현한 이유가 무엇일지 생각해 보면 더 좋겠지요.

앞서 소개한 『북쪽 나라 여우 이야기』 그림은 목판화 작품입니다. 굵고 힘찬 선이 추운 땅에 사는 동식물의 강한 생명력을 표현하는 데 알맞습니다. 2학년 현성이는 책을 읽기 전에 그림이 판화 작업인 것을 알고는 "왜 힘들게 판화로 했어요?" 하고 물었습니다. 특별한 효과가 있었을 것이라며 책을 보며 찾아보자고 했더니, 몇 장면 지나지 않아 판화 작품 특유의 입체감을 알아차렸습니다.

"이렇게 하니까 더 멋있고, 전부 살아 있는 것 같아요. 여우가 꼭 앞으로 나오는 것 같아요."

『북쪽 나라 여우 이야기』

『두 마리 아기 곰』(일라 글·사진, 북뱅크)은 작가가 직접 아기 곰들을 키우며 찍은 사진으로 만든 그림책입니다. 아기 곰뿐 아니라 송아지, 병아리, 너구리 등도 등장하는데, "실제로 이런 장면이 있을 수 있다니!" 싶은 절묘한 장면이 많습니다.

사진은 그림에 비해 생생함과 실감이 강력합니다. 사진만이 표현할 수 있는 느낌이 무엇일지 이야기 나누어보세요. 사진을 찍을 때 어떤 어려운 점이 있었을지도 대화의 주제가 됩니다. 그러다 보면 작가가 한 장의 사진을 얻기 위해 수백 장을 찍었을 것이라는 짐작도 어렵지 않게 할 수 있습니다.

『숲 속 재봉사의 꽃잎 드레스』(최향랑 글·그림, 창비)는 말린 꽃잎, 나뭇가지, 천 조각 등으로 표현된 콜라주 그림책입니다. 자연물인 꽃잎의 정교한 주름도 아름답지만, 그것들을 채집하고 말리고 조심스럽게 붙여 나갔을 작가의 정성 또한 화면 바깥까지 전해집니다.

창의성이란 단순히 아이디어를 내는 것이 아닙니다. 기발한 생각을 떠올리는 것과 까다로운 과정을 차근차근 밟으며 실제 결과물을 내놓는 것은 전혀 다르지요. 각 장면에 쓰인 오브제가 무엇이 있는지 찾아서 하나씩 말해보면 작품이 더욱 훌륭하게 느껴집니다.

또 이 책은 오브제들을 색깔별로 모아 놓고, 그것과 어울리는 기분을 연결한 점도 재미있습니다. "빨간색 옷을 입은 날에는 춤을 추고 싶어" 하는 식으로 말이지요. 그 색깔과 어울리는 기분을 말해봅시다. 책에 나온 꽃잎 드레스 중에서 한 벌을 골라 입는다면 무엇으로 할지도 아이와 이야기 나누어보세요.

그림책이라는
물건에 대해 말하기

"어린이에게 전자책을 보여주는 것에 대해 어떻게 생각하세요?"

강연이나 상담에서 많이 받는 질문 중 하나입니다. 여기에는 시대의 변화에 따라 읽기 방식도 바뀌어야 하는 것은 아닐까, 걱정하는 마음이 담겨 있을 때가 많습니다. 전자책은 단말기를 통해 언제 어디서나 다양한 책을 볼 수 있다는 점, 종이책에 비해 값이 싸고 보관할 책장이 필요하지 않다는 점 등 장점이 많지요.

요즘은 단말기의 기능이 점점 좋아지고 전자책으로 만들어지는 콘텐츠도 늘어나는 추세입니다. 어린이책 전집 출판사 중에는 사용자에게 단말기를 겸하는 태블릿 PC를 대여하고 자사의 책 여러 권을 볼 수 있게 하는 곳도 있고요.

저는 전자책이 출판과 독서에 적지 않은 영향을 주겠지만, 종이책을 대체하는 식은 아닐 것이라고 생각합니다. 책의 물리적 성질 때문입니다. 표지가 주는 인상, 종이와 인쇄된 활자의 느낌, 책의 두께와 무게, 책장을 넘기면서 생기는 흔적 같은 것도 책 읽기의 중요한 부분을 차지합니다. 느낌만 그런 것이 아닙니다. 책장에 나란히 놓인 종이책들은 거기에 있는 것만으로 각자의 독서 역사를 말해주고 읽을 계획을 세우는 데 도움을 줍니다.

더구나 어린이책, 그중에서도 그림책은 물리적 성질이 핵심 요소입니다. 좋은 그림책의 조건 중 하나는 '겉으로 보기에도 아름다운 책'이라고 할 수 있습니다. 조형적으로도 멋진 책을 만들기 위해 작가는 창의성을 발휘합니다.

전자책이 여기에 대응하려면 걸맞은 프로그램이 개발되어야 할 것입니다. 소설이 있는 그대로 영화가 되지 않는 것처럼, 같은 내용이라도 전달 매체가 바뀌면 그에 맞게 가공을 해야 합니다. 그림책 내용을 전자화하고 책장이 넘어가는 효과를 추가하는 정도로는 부족합니다. 웹페이지를 읽는 것과 큰 차이가 없기 때문입니다.

어린이와 함께 그림책이 주는 물질적인 즐거움을 생각하면서 읽고 말해보세요.

그림책의 다양한 판형 활용하기

단행본 그림책들을 책꽂이에 꽂고 보면 높이가 들쑥날쑥합니다. 키가 커서 뉘어야 하는 책도 있고, 아예 책장에 들어가지 않는 책도 있습니다. 그림책의 판형이 이렇게 제각각인 것은, 각각 내용에 알맞은 형태로 만들어졌기 때문입니다.

『생각하는 ABC』(이보나 흐미엘레프스카 글·그림, 논장)에는 알파벳을 모티프로 상상력을 발휘한 그림들이 실려 있습니다. 말하자면 그림으로 된 사전이지요. 사전답게 320쪽이나 되는 대신, 가로세로가 한 뼘 정도 되는 그다지 크지 않은 책으로 만들어졌습니다.

그런가 하면 『라치와 사자』(마레크 베로니카 글·그림, 비룡소)는 독서교실 그림책 중 제일 키가 작습니다. 겁쟁이 라치가 주머니에 조그마한 사자를 넣고 다니면서 용기를 얻게 되는 이야기이니 조그만 책에 담기는 게 어울립니다. 『파도야 놀자』(이수지 글·그림, 비룡소)는 가로로 긴 그림책입니다. 시원한 바닷가 풍경을 담기에 가장 적절한 판형입니다. 앞서 소개한 『위를 봐요!』는 제목에 걸맞게 세로로 깁니다.

책장에 판형이 특별한 그림책이 꽂혀 있다면 지금 꺼내서 그렇게 만들어진 이유를 따져 생각하고 아이와 이야기 나누어보세요. 그림책을 입체적으로 보는 안목이 길러집니다.

『파도야 놀자』

3학년 어린이들과 『누가 누구를 먹나』(알렉산드라 미지엘린스카·다니엘 미지엘린스키 글·그림, 보림)를 볼 때였습니다. 꼬리에 꼬리를 무는 생태계의 순환 구조를 그린 책인데, 판형이 245×325mm로 조금 큰 편입니다.

처음 책을 꺼냈을 때는 어린이들이 "큰 책이다" 하는 정도였지만, 책을 펼치니 "우와!" 하고 탄성을 질렀습니다. 검은색 선으로 세밀하게 그려진 커다란 꽃이 강한 인상을 주기 때문입니다. 이어지는 장면마다 동물이나 식물이 화면을 가득 채울 만큼 크게 그려졌습니다. 할미새도 늑대도 고슴도치도 어린이 얼굴보다 큽니다. 진딧물과 파리 등 무리 지어 다니는 것들은 여러 마리가 화면을 꽉 채웁니다. 어린이들이 먼저 얘기를 시작했습니다.

"무당벌레가 이렇게 큰 건 처음 봤어요. 그런데 왜 이렇게 그림이 커요?"

"책이 크니까 그림도 크게 그린 것 같아요."

"근데 그림이 크니까 책을 크게 만든 거 아닌가?"

제가 나설 차례입니다.

"작가들은 아마 처음부터 큰 그림, 큰 책을 생각했을 것 같아. 중요한 건 그 이유지."

"눈에 띄게 하려고요."

"그건 다른 그림책도 마찬가지인데."

"동물을 잘 보라고요. 크면 잘 보이잖아요."

"선생님 생각도 비슷해. 그리고 내가 한 가지 알아낸 게 있어. 이 책에는 동물들이 크게 그려지기도 했지만, 무당벌레든 개구리든 늑대든 비슷한 크기로 그려지기도 했어. 실제로는 그렇지 않지. 그 이유가 뭔지 생각나는 사람 있을까?"

"다 중요하다는 뜻 아닐까요? 크기랑 상관없이요."

어린이들 말대로 몸집이 작은 동물도 큰 동물도 생명으로서 똑같이 중요합니다. 이 메시지를 전하기 위해 이렇게 큰 판형의 책이 필요했을 것입니다. 다시 말하지만, 그림책의 판형에는 그럴 만한 이유가 반드시 있습니다.

표지와 면지도 좋은 이야깃거리

우리나라 그림책은 대부분 양장본으로 출간되기 때문에 표지와 본문을 연결하는 부분, 즉 면지가 있습니다. 표지가 대문이라면 속표지는 현관문이고, 면지는 대문과 현관문 사이의 복도라고 할 수 있습니다. 표지의 분위기와 어울리면서도 본문과 연결되는 색깔 종이를 면지로 활용하는 것이 보통입니다. 그런데 그림책은 면지까지도 작품의 한 부분으로 끌어안기도 합니다.

『숲 속 재봉사의 꽃잎 드레스』의 앞면지에는 말린 꽃잎과 실타래들이, 뒷면지에는 옷본들이 흩어져 있습니다. '숲 속 재봉사'가 옷을 만드는 재료와 도구 들을 안내하는 셈이지요. 이런 장면은 그림책을 읽기 전에는 기대를, 다 읽은 뒤에는 여운을 갖게 합니다.

『간질간질』의 앞면지에는 경직된 자세로 서 있는 고양이, 개, 달걀프라이 등이 그려져 있습니다. 본문에서 유쾌한 춤판이 벌어진 뒤, 뒷면지에서는 같은 인물들이 춤을 추고 있습니다. 이야기 전과 후의 모습이 대조적이어서 재미있습니다.

지하철이 화자가 되어 승객들의 이야기를 들려주는 『나는 지하철입니다』(김효은 글·그림, 문학동네)의 앞면지에는 이른 아침 한강을 건너는 지하철이, 뒷면지에는 해질녘 한강을 건너는 지하철이 그려져 있습니다. 아침부터 저녁까지 지하철의 하루, 또 사람들의 하루를 담은 그림책답지요. 또 이 책은 속표지가 나올 때까지 면지를 제외하고도 그림을 네 장면이나 넣었습니다. 짧은 에피소드 뒤에 제목이 나오는 점에서 영화의 오프닝이 연상됩니다.

이런 오프닝에 어떤 느낌을 받았는지 아이와 이야기 나누어보세요. 독서교실 어린이들은 "왠지 멋있어요" "영화 같아요" "좀 더 기대가 돼요" 하는 느낌을 말해주었습니다. 물론 잘 모르겠다고 하는 어린이도 있습니다. 그것도 좋습니다. 독자가 책의 모든 것을 알아야 하는 것은 아니니까요. 저는 어린이들이 이런 장치를 보는 것만으로도 의미가 있다고 생각합니다. 조금 낯선 예술적 장치를 경험하는 것과 그렇지 않은 것은 너무나 큰 차이가 있지요.

그림책의 특별한 형식 즐기기

앞서 그림책 독자는 능동적으로 책을 읽는다고 했는데, 작가가 더욱 적극적인 참여를 요구할 때도 있습니다. 『내 헤어스타일 어때?』(키타무라 사토시 글·그림, 바둑이하우스)는 유아를 대상으로 만들어진 보드북입니다. 내용도 간단합니다. 사자가 미용실에 가서 갖가지 헤어스타일을 고민하는 것이지요. 책에 얼굴을 넣으면 사자의 우스운 헤어스타일이 독자의 것이 됩니다.

독서교실 어린이들은 학년과 상관없이 여기에 얼굴을 넣고 거울을 보며 웃어댑니다. 얼토당토않은 헤어스타일을 서로 권해주기도 하고요. 책을 '가지고 노는' 건 늘 재미있습니다.

『속도와 거리는 하나도 중요하지 않아』(마달레나 마토소 글·그림, 그림책공작소)는 독자가 이야기를 만들어야 하는 그림책입니다. 자동차를 타고 "이제 여행을 떠나자!"라고 말하는 첫 장면을 제외하면, 이 그림책의 열다섯 장면은 양쪽 모두 위와 아래로 나누어져 있습니다. 위와 아래 페이지를 따로 넘길 수 있고 순서도 바꿀 수 있으니 여행길의 가짓수가 끝이 없는 셈입니다. 위쪽 페이지만 넘기거나 아래쪽 페이지만 넘기면 내용도 분위기도 전혀 다른 이야기가 됩니다.

긴 이야기를 다 창작하려 하지 말고, 아무 페이지나 펼치고 조정해서 그 장면의 이야기를 만들어보세요. 책 속 대사 "어머 저기 좀 봐!"의 '저기'가 개가 지나가는 장면일 수도 있고 양떼 목장일 수도, 손 흔드는 사람일 수도, 인사하는 곰일 수도 있습니다.

'펼쳐서 보는' 책의 물리적 성질을 주제로 삼은 그림책도 있습니다. 『이 작은 책을 펼쳐 봐』(제시 클라우스마이어 글, 이수지 그림, 비룡소)는 책 안에 책을 여러 겹으로 겹쳐 놓은 그림책입니다. 조그만 빨간 그림책을 펼치면 무당벌레 이야기가 있고, 무당벌레가 보고 있는 초록 그림책을 펼치면 개구리 이야기가 있는 식이지요. 책 속의 책들은 점점 작아집니다. 그래서 이 책은 읽어갈수록 안으로 들어가

『이 작은 책을 펼쳐 봐』 표지와 책을 펼친 모습

는 셈이 됩니다. 깊이가 생기는 것입니다.

그리고 재미있게도 책은 점점 작아지지만, 책을 읽는 주체는 딱정벌레, 개구리, 토끼 등으로 덩치가 점점 커지다가 제일 안쪽에서는 급기야 거인이 등장합니다. 각자 보고 있는 책의 표지, 아끼는 물건과 주고받은 선물 등 숨어 있는 재미도 많습니다. 말할 것도 많지요.

새롭고 명쾌한 아이디어가 아름답게 구현된 것을 보면 우리의 창의성은 자극을 받습니다. 이 그림책은 마지막에 "또 다른 그림책을 펼쳐 봐!"라고 하지만 시우는 자기만의 책을 만들어보기로 했습니다. 창의성이 새로운 창의성을 자극합니다. 저는 그림책을 읽고 할 수 있는 가장 좋은 활동은 '그림책을 따라 하는 것'이라고 생각합니다.

그림책을 이용하는
독후 활동

그림책은 잘 보고, 생각하고, 말하면서 읽는 것만으로도 충분합니다. 독후 활동이 필수는 아니라는 뜻입니다. 미리 자료를 잘 준비했거나 책을 읽는 동안 자연스럽게 떠오른 게 아니라면, 억지스러운 활동을 덧붙이는 것보다 그림책의 그림이나 특별한 형식을 따라 해보는 것이 낫습니다. 그림책을 이용하는 셈이지요.

『태양을 그리다』(브루노 무나리 글·그림, 두성북스)는 디자이너이자 그림책 작가, 시각 예술가인 저자가 누구나 볼 수 있는 '태양'을 주제로 대상을 관찰하고 표현하는 다양한 방법을 보여주는 책입니다. 어른을 독자로 삼은 디자인 실기 안내서이지만, 하울이 말대로 '그림만'

보아도 좋을 책이라 독서교실 어린이들과 함께 보기도 합니다. '해'는 자신들도 즐겨 그리는 소재인 만큼 어린이들의 관심이 높습니다.

3학년 아람이는 책을 보는 것에서 그치지 않고 이렇게 말했습니다.

"이런 거라면 저도 할 수 있을 것 같아요."

아람이는 빨간색과 노란색 크레파스를 섞어 사용한 브루노 무나리의 태양을 따라 그려보았습니다. 간단한 기법인데도 효과가 재미있다고 생각했는지 자기 그림을 만족스러워했습니다. 그러더니 다시 자기만의 그림을 그렸습니다. 빨간색과 노란색으로 태양을 그린 것은 똑같은데, 이 태양은 수레에 담겨 있고 수레를 끌고 가는 사람의 형상이 검은색 실루엣으로 그려져 있었습니다.

"이 그림은 제목이 뭐야?"

"'태양을 싣고 가는 아저씨'예요."

저는 아람이의 그림에서 두 가지를 알 수 있었습니다. 하나는 아람이가 작가의 의도를 정확히 파악했다는 것입니다. 태양을 관찰하고 표현하는 '자기만의 방식'을 보여준 점에서 그렇습니다. 아람이만의 방식으로 그렸기 때문에 '아저씨'가 등장했습니다. 또 태양의 성질을 관찰한 경험을 떠올렸기 때문에 아저씨를 마치 그림자처럼 표현했습니다. 창작자의 입장이 되어봄으로써 작가의 의도를 이해하고 아울러 자신의 창의성도 발휘했지요. 이런 것이 바로 그림책

『태양을 그리다』를 읽고 아람이가 그린 그림

과 독자의 멋진 협업이라고 생각합니다.

또 하나 알게 된 점은 이탈리아의 천재 디자이너도 어린이의 대담한 발상을 따라가기는 어렵다는 것입니다. 이 책에는 많은 예술가들의 독창적인 태양이 등장하지만 어린이는 그 태양을 수레에 태워버립니다. 누구의 세계가 더 넓은가요?

그림책을 읽고 따라 해보면?

『홀라홀라 추추추』(카슨 엘리스 글·그림, 웅진주니어)는 낯선 식물이 자라는 것을 지켜보는 곤충들 이야기입니다. 대사는 전부 "윙잇" "이키" "찌르릇" "차라차라란" 등 곤충의 언어를 받아 적은 듯한 말들입니다. 그래도 그림을 이해하고 곤충들이 내는 소리를 따라 읽으면 내용을 짐작할 수 있지요. 4학년 하림이는 이 그림책을 읽고 직접 번역을 써보겠다고 했습니다.

그래서 그림 속 상황을 바탕으로 "윙잇"은 '우와', "이키"는 '친구', "찌르릇"은 '뭐가 보여?'라는 뜻을 유추했습니다. 그다음에 같은 말이 나왔을 때 뜻이 통하면 맞았다고 좋아하고, 그렇지 않으면 두 상황에 어울리는 말로 고쳐보았습니다. 때로는 말에 맞추어 그림의 의미를 바꾸기도 했습니다. 덕분에 이미지와 언어, 양쪽의 해석력을 총동원하는 시간을 보냈습니다. 이런 시간에 어린이는 에너지를 쓰는 것 같지만 사실은 몇 배로 충전합니다.

하울이는 초등학교 입학 전에 한글을 따로 배우지 않았습니다. 그래도 그림책을 보면서 눈에 익은 글자, 게임 매뉴얼이나 간판에 들어가는 글자 등 필요해서 알게 된 글자들이 꽤 있었지요. 무엇보다 말로 표현하기를 좋아하는 어린이여서 입학하고 금방 한글을 뗐습니다. 유창하게 읽으려면 훈련이 더 필요하지만, 글자 읽기를 좋아하고 모르는 단어의 뜻을 배워나가는 것에도 한창 흥미가 커지고 있었습니다. 그런 하울이에게 『단어 수집가』(피터 레이놀즈 글·그림, 문학동네)는 딱 맞는 책이었습니다.

『단어 수집가』의 주인공 제롬은 눈길을 끄는 단어, 기분이 좋아지는 말, 뜻은 모르지만 소리 내서 말하면 근사하게 들리는 말을 수집합니다. 그러다 단어 책이 흩어져 단어들이 뒤죽박죽되면서 새로운 조합의 말들을 만들어냅니다. 즉 시를 쓰는 것입니다. 그리고 단어들을 날려 보내어 사람들에게 나누어주기도 합니다.

그림책을 읽는 중에 이미 말할 거리가 많았습니다. 제롬이 고른 기분이 좋아지는 말은 "사랑해, 불꽃놀이, 포옹" 등인데, 하울이는 "고마워, 엄마, 뽀뽀" 같은 말이 좋다고 했습니다. 소중한 단어로는 "선물, 가족, 책"을 말했습니다. 제롬이 찾은 노래 같은 말은 "과카몰레, 마다가스카르, 타르타르 소스" 등이고, 하울이와 제가 찾은 것은 "사과, 사각사각, 수-박수박수박-수"가 있었습니다.

읽기가 끝난 뒤 책에 실린 단어들 중에서 마음에 드는 단어들을 서로 '갖기로' 했습니다. 하울이는 "평화, 보물, 은은한, 자유로운, 용기, 추억"을, 저는 "우주, 희망, 축복하다, 산들바람, 잠재력"을 가지기로 했습니다. 그런데 하울이의 단어들을 보니 저도 '추억'을 갖고 싶어졌습니다.

"하울아, 선생님한테 추억 주면 안 돼? 우주 줄게."

"안 돼요. 우주 줘도 안 돼요."

"그럼 잠재력 줄게. 이거 좋은 거야."

"잠재력이 뭐예요?"

"숨어 있는 힘이라는 뜻이야. 엄청 좋지?"

"그것도 좋긴 한데, 추억도 좋아서 안 돼요."

"선생님은 나이가 많으니까 추억도 많이 필요하단 말이야."

"저는 아직 어리니까 앞으로 추억을 많이 만들어야 된단 말이에요!"

당연히 제가 포기했습니다.

우리는 창의성이 발현된 것을 보고 배움으로써 우리 자신의 창의성을 키울 수 있습니다. 그림책 말하기는 그것을 돕습니다. 앞서 살펴본 것처럼, 그림책은 그림뿐 아니라 만들어진 모양새로도 메시지를 전달합니다. 그림책의 이미지는 우리를 생각하게 하고, 생각하는 데는 언어가 필요합니다. 이미지와 언어는 서로 긴밀한 관계를 맺고 있습니다. 이미지를 떠올리는 힘은 또한 생각하는 힘, 표현하는 힘과도 연결됩니다.

다음 장에서 소개할 '동시 말하기'는 그런 힘을 키우는 데 도움을 줍니다. 이번에는 그림도 없이 언어로만 말이지요.

더 읽어볼 그림책과 추천 활동

- 『**걱정머리**』 밤코 글·그림, 향, 2022

  나의 걱정은 어떻게 생겼을까? 무슨 색일까? 책을 보고 따라 해보세요.

- 『**꽃에 미친 김 군**』 김동성 글·그림, 보림, 2025

  아름다운 꽃을 한 송이씩 자세히 감상해 보세요. 실로 묶인 책의 제본
  도 독특해요. 꽃집에서 어린이가 좋아하는 꽃을 조금 사주는 것도 좋겠
  지요.

- 『**나는 화성 탐사 로봇 오퍼튜니티입니다**』 이현 글, 최경식 그림, 만만한책방,
  2019

  그림이 연필로 그려져 로봇마저 따뜻하게 느껴집니다. 연필과 볼펜,
  사인펜, 물감 등으로 줄을 긋고 비교해 보면서 작가가 연필 그림을 택
  한 이유를 생각해 보세요.

3장

언어가 지닌
강력한 힘
동시 말하기

짧은 시의
긴 여운

시는 짧습니다. 동시집을 읽기 전에 어린이들에게 시의 특징이 무엇인지 물으면 맨 먼저 "짧아요"라는 답이 나옵니다. 시 중에는 긴 작품도 있지만, 다른 갈래 글보다 확실히 짧지요. 그런데도 어떤 시는 긴 글의 책보다 큰 감동을 줍니다. 왜 그럴까요? 그 짧은 언어에 많은 의미가 함축되어 있기 때문입니다.

시인은 평범한 방식으로는 표현하기 어려운 느낌과 생각을 드러내기 위해 심혈을 기울여 시어를 고르고 세심하게 배열합니다. 말하고자 하는 바를 시어에 숨겨두고 불필요한 말들은 모두 버립니다. 어떻게 보면 시에 쓰인 말들은 간신히 살아남은 것들이라고

할 수 있습니다. 시를 이해하기 위해서는 시어에 담긴 뜻을 찾아내
야 합니다. 그래서 시를 읽으면 언어를 이해하는 힘이 커지는 것입
니다.

호주머니

윤동주

넣을 것 없어
걱정이던
호주머니는,

겨울만 되면
주먹 두 개 갑북갑북

이 시에서 '주먹'은 오므려 쥔 손만을 뜻하지 않습니다. 가난한 아
이도 가지고 있는 무언가, 마음을 단단히 먹을 때 불끈 쥐는 무언가
를 뜻하지요. 그런 주먹이 들어간 호주머니는 돈이나 물건이 들어
간 것처럼 꽉 찹니다. '갑북갑북'이라는 말에서는 아이의 당당함이

느껴집니다. 이 아이는 추운 겨울에도 등을 쭉 펴고 걸을 것만 같습니다.

'주먹'과 같은 낱말의 사전적 의미도 알아야 하지만 낱말이 암시하는 바를 이해하는 것 역시 중요합니다. 시의 비유와 상징을 이해하면 언어에 대한 감각은 물론이고 세상에 대한 감각도 달라집니다. 더 많은 것을 보고 느낄 수 있지요.

또 어린이가 시를 읽으면 이미지를 떠올리는 힘이 자랍니다. 시의 이미지는 '심상(心象)'이라고도 하는데, 감각으로 얻은 무언가가 마음속에 재생된 것을 뜻합니다. 시어에 담긴 시각, 청각, 후각, 촉각, 미각, 그리고 공감각 이미지를 떠올릴 때 우리는 오직 언어만이 가진 강력한 힘을 체감합니다. 언어의 힘으로 보이지 않는 것을 보고 들리지 않는 것을 들을 수 있습니다.

어떤 순간이 시가 되는지도 알아야 합니다. 무심히 지나쳐온 평범한 순간이 시로 아름답게 형상화된 것을 본 다음에는 독자의 일상이 풍요로워집니다. 자신도 해본 적 있는 생각을 누군가 시로 쓴 것을 보면 더 잘 공감할 수 있고, 자신의 생각을 가치 있게 여기게 됩니다. 나아가 어린이 역시 시를 쓸 수도 있습니다. 감성이 풍부해지고 표현력이 좋아지지요.

동시는 어린이 독자가 읽을 것을 염두에 두고 쓰인 시입니다. 그러나 좋은 동시는 어린이는 물론 어른에게도 감동을 줍니다. 바꾸어 말하면 어른이 보기에 유치한 동시라면 어린이에게도 주면 안 된다는 뜻입니다.

저는 특히 교훈주의적인 동시를 경계합니다. 말장난으로 그럴듯하게 치장한 시가 아니라, 어린이의 감각을 확장시키고 생각을 깊이 있게 만드는 동시가 좋은 시입니다.

동시를
소리 내어 읽자

동시 감상은 소리 내어 읽는 것으로 시작하면 좋습니다. 낭송하면 시를 '느낄 수' 있습니다. 종이에 누워 있던 언어가 발성 기관을 통해, 즉 우리 몸을 통해 공기 중에 퍼져나가고 우리 자신의 귀에도 들어옵니다. 이렇게 함으로써 시에 표현된 감정이 더욱 절실하게 와닿을 때가 많습니다. 발랄한 시를 소리 내어 읽으면 더 재미있게 느껴지고, 차분한 시를 소리 내어 읽으면 주위가 고요해지는 경험을 할 수 있습니다.

시를 읽는 더 좋은 방법은 암송하는 것입니다. 저는 어린이들에게 "시를 외우면 시를 가질 수 있다"고 말합니다. 언제든 꺼내볼 수 있는 예술 작품이 생기는 것이니까요. 또 외우기 위해 여러 번 읽으면서 시어를 음미할 수 있고, 시상이 전개되는 방식도 더 잘 이해할 수 있습니다. 좋은 시를 외우면 언어가 얼마나 조직적으로 배치되어 있는지 알 수 있습니다. 문맥을 이해하면 느낌을 더 잘 살려서 표현할 수 있지요.

시를 암송할 때는 암기한 말을 줄줄 늘어놓기보다 음악을 연주하듯이 차분한 태도로, 작품에 따라 적절하게 연출하는 것이 좋습니다. 아이와 함께 시를 암송해 보세요.

시를 암송하는 법
- 시가 지닌 분위기에 알맞은 빠르기로 목소리의 높낮이를 조절해서 여러 번 읽어본다.
- 중요한 낱말이나 특별한 표현을 찾아보고 그것을 떠올리며 외운다.
- 시의 제목과 시인의 이름을 꼭 함께 읽고 외운다.
- 발음을 정확하게 한다.
- 감정을 살려 읊는다.

외우는 것도 일종의 기술이라, 처음에는 어렵게 느껴지더라도 몇 편을 외우다 보면 더 잘 외울 수 있게 됩니다. 한 편을 다 외우기가 부담스럽다면 처음에는 마음에 드는 한두 연이나 한 대목만 외워도 됩니다. 이때도 시의 제목과 시인은 함께 기억하는 것이 창작자에 대한 예의를 지키는 일입니다.

독서교실에서는 외우는 부담을 덜어주기 위해 한 편의 시를 여러 장의 카드에 나누어 적고 섞은 뒤 순서에 맞게 배열하는 활동도 합니다. 암송은 기억력을 높이는 데도 도움을 준다는 것, 따로 말씀드리지 않아도 이미 잘 알고 계시겠지요.

시를 베껴 적는 것도 좋습니다. 시를 필사하려면 한 번에 쓸 수 있는 만큼씩 끊어 읽게 됩니다. 방금 본 구절을 공책에 적으면서 되뇌고, 자신이 적는 구절을 눈으로 확인할 수 있으므로 여러 번 읽는 셈이 되지요. 또 조용히 집중하는 시간을 경험할 수도 있습니다.

강연에서 만난 한 어머님은 본인 스스로가 "책 읽는 속도를 늦추기 위해서 필사를 한다"고 말했습니다. 좋은 독서 방법이라고 생각합니다. 특히 시는 짧은 시간 안에 한 편을 다 옮겨 적을 수 있다는 점이 좋습니다.

필사 공책을 마련할 수도 있고 작은 종이에 적은 뒤 모으거나, 친구나 가족과 시를 나누어 가질 수도 있습니다. 어린이가 글씨를 잘 못 썼어도 이때는 지적하지 마세요. 어울리는 그림을 그려 시화를 완성해 보는 것도 좋습니다. 부담스럽다면 암송에서 그랬듯이 한두 구절만 적어도 됩니다. 접착 메모지에 시를 적어 책상 앞이나 냉장고에 붙여두면 공간의 느낌이 달라집니다.

한 사람이 불러주고 한 사람은 받아 적어보세요. 역할을 바꾸어 보기도 하고요. 엄마 아빠가 손으로 적은 동시를 보고 어린이가 옮겨 적어도 좋습니다. 마찬가지로 역할을 바꾸어도 보세요. 간단한 활동이지만 가족만의 '시적인 순간'을 만들어줄 것입니다.

03

동시 비평가가
되어보자

동시는 한 편 한 편이 독립된 작품이기 때문에 다양한 길로 만날 수 있습니다. 이른바 '명시 모음집' '교과서에 실린 동시 모음집' 등도 동시를 접하는 길 중 하나겠지요. 물론 그중에서 마음에 드는 시를 만날 수도 있습니다. 그런데 저는 되도록 한 시인의 작품을 모은 동시집을 읽는 편이 좋다고 생각합니다.

한 권의 동시집을 읽으면 한 시인의 작품 세계를 들여다볼 수 있습니다. 시인마다 자연과 일상, 마음을 관찰하는 관점이 다르고 표현하는 방식도 다르지요. 시 한 편을 읽는 것보다 여러 편을 맥락을 갖추어 읽는 것이 시인의 세계관을 이해하는 데 훨씬 도움이 됩니다. 출판사에서 한 권의 동시집에 들어갈 작품을 고르고, 알맞은 순서로 엮고, 어울리는 그림을 넣어 편집할 때도 그 시인만의 작품 세계를 드러내는 데 초점을 둡니다.

동시집에는 보통 50편 안팎의 작품이 실리는데, 싣는 순서에도 나름의 이유가 있습니다. 보통은 소재나 분위기가 비슷한 시들을 한 부로 (또는 장으로) 묶어 독자의 이해를 돕습니다. 예를 들어 『뽀뽀의 힘』(김유진 글, 서영아 그림, 창비)의 차례를 보면 이렇게 짜여 있습니다.

제1부 우리는 김씨 가족
제2부 인도 빵 짜파티
제3부 가을을 조금만 덜어 왔어요
제4부 아기는 별게 다 신기해

각 부에는 '가족' '어린이의 일상' '자연' '아기'를 주제로 한 시들이 묶여 있습니다. 차례에서 호기심을 자극하는 제목이 보이면 그 시를 먼저 읽어봐도 좋습니다. 「삼겹살 먹는 날」이라니, 이런 것도 시가 되는 걸까요? 「일요일 밤 여덟 시 오십 분」에는 무슨 일이 일어날까요? 「동생에 대해 모르는 것 딱 한 가지」는 대체 뭘까요? 모두 『뽀뽀의 힘』에 실린 시 제목들입니다.

동시집에서 특별히 마음에 드는 시를 골라 표시해 보세요. 이것은 독서교실 어린이들도 저도 아주 좋아하는 읽기 방법입니다. 똑같은 동시집을 읽고도 사람마다 다른 동시들을 뽑을 수 있습니다. '그 시가 왜 다른 시보다 좋은지' 말로 설명해 보면 감상이 깊어집니다. 반대로 어떤 시에서 어색한 부분을 발견했다면 왜 그렇게 느껴지는지 말할 수 있습니다.

　'비평'이라고 하면 왠지 아쉬운 부분을 지적하는 일 같지만 사실은 그렇지 않습니다. 좋은 이유, 그렇지 않은 이유를 근거를 들어 말할 수 있다면 어린이도 비평가가 될 수 있습니다.

04

동시를 직접 고르고
느끼는 경험

독서교실에서는 동시집을 읽고 마음에 드는 시를 다섯 편 골라오는 숙제를 냅니다. 혹시 좋은 시가 없으면 마음에 들지 않거나 이해가 되지 않는 시를 골라도 됩니다. 조건은 다섯 편을 고르는 것입니다. 적어도 안 되고 넘쳐도 안 됩니다. 그렇게 하는 이유는 다른 시들보다 더 마음에 드는 시, 또는 더 마음에 들지 않는 시를 골라보는 경험을 위해서입니다. 뽑거나 탈락시키려면 근거가 있어야 합니다. 그 근거를 말하는 것이 동시 수업의 주제입니다.

이렇게 말하면 시를 너무 팍팍하게 이해하는 것으로 보일지 모르겠습니다. 물론 시를 읽은 느낌 자체도 소중합니다. 어떤 의미에서 시와 독자는 말로 표현된 것 이상의 느낌 안에서 서로를 만난다고도 할 수 있지요.

그런데 느낌에도 이유가 있게 마련입니다. 시를 고른 이유를 물어보면 많은 어린이가 처음에는 "웃겨서요" "슬퍼서요" "따뜻해서요" 같은 말로 표현합니다. 이런 말 앞에 "왠지" "그냥" "뭔가" 같은 말을 덧붙이기도 하지요. 왜 웃길까? 어째서 슬플까? 무엇이 따뜻한 느낌을 주었을까? 이 답을 찾으면 느낌은 줄어들지 않고 오히려 풍성해집니다.

느낌의 근거를 어디에서 찾을까요? 바로 시어나 시 구절에서 찾을 수 있습니다. 새롭게 쓰인 의성어, 의태어가 웃음을 자아냈을 수도 있고, 시어에서 그린 화자의 마음이 슬프게 느껴졌을 수도 있고, 시가 그리는 풍경이 정겹게 느껴졌을 수도 있습니다.

시의 한 부분을 구체적으로 말하기

독서교실에서는 좋아하는 시를 소개할 때 먼저 시를 낭송하고, 한 구절 또는 낱말을 골라 거기에서 느껴지는 것을 말하도록 하고 있습니다. 저의 경험으로는, 어린이는 이런 식으로 감상을 말할 때 속마음을 더 잘 드러냅니다. 한 어린이는 시에서 문제아로 손가락질 받는 아이가 하는 말을 골라 공감이 간다면서, "저도 1학년 때 그런 마음이었어요" 하고 고백하기도 했습니다.

동건이는 동시집 『축구부에 들고 싶다』(성명진 글, 홍정선 그림, 창비)를 읽고 「눈치」를 골랐습니다. 이 시에는 원하는 게 있어 눈물로 시위를 하느라 "엄마 어디 계시나 두리번거리며" 우는 동생이 그려졌습니다. 동건이는 바로 그 구절이 마음에 든다고 했습니다.

"저희 집에서 아파트 놀이터가 보여요. 거기서 꼬마들이 놀다가 넘어지거나 하면 막 울어요. 그런데 제가 보기엔 그렇게 심하게 다치지 않았거든요. 그래도 꼭 누가 보나 안 보나 찾으면서 울어서 참 웃겼어요. 그게 이 시를 보니까 떠올라요."

시의 한 부분을 구체적으로 들어 말하면 감상도 구체적인 말로 표현하게 됩니다. 게다가 동건이는 자기의 경험을 시 해석에 가지고 왔습니다. 적극적인 감상이지요. 좋은 시는 뜬구름 잡는 말을 하지 않습니다. 고르고 고른 말로 의미 있는 순간을, 삶의 한 조각을 그려냅니다. 동건이는 자주 보았던 어떤 순간이 재미있는 시가 된다는 사실을 배웠을 것입니다. 시를 보는 눈도 달라졌겠지요.

시에 쓰인 말,
말에 담긴 뜻 찾기

앞서 소개한 『축구부에 들고 싶다』를 읽은 어린이들은 맨 앞에
실린 「뿌리」라는 시가 무슨 말인지 잘 모르겠다고 했습니다.

뿌리

성명진

붓꽃잎 자매는

올해도 옷을

말쑥하게 차려입고 나왔다.

저 아래엔

다정하고 부지런한

어머니가 계시나 보다.

시에서 모르는 말이 있는지 물었더니 '붓꽃'을 모른다는 것입니다. 사진을 보여주자 누군가 "아, 정말 말쑥하네요" 합니다. 그런 다음 함께 한 줄씩 시를 자세히 읽어보았습니다.

'올해도'라는 말에는 작년에도, 어쩌면 그전 해에도 그 자리에서 꽃이 피었다는 뜻이 담겨 있습니다. '말쑥하게 차려입고'는 꽃이 예뻐서 쓴 말이겠지요. '저 아래엔'은 땅속을 뜻합니다. '다정하고 부지런한'은 해마다 붓꽃잎 자매를 보기 좋게 가꾼 손길을 두고 쓴 말입니다. 그러면 '어머니'는 무엇을 뜻할까요?

"뿌리네요! 뿌리가 어머니라는 거네요. 제목도 뿌리잖아요."

"시인은 어째서 뿌리를 어머니라고 했을까?"

"어머니가 자식들을 키우는 것처럼, 뿌리가 붓꽃잎을 키우니까요."

"어머니처럼 뿌리도 부지런하다는 뜻도 있어요."

여기에 성찬이가 덧붙였습니다.

"그리고 뿌리처럼, 어머니도 자신을 드러내지 않으니까요."

이 말에 다빈이와 동건이가 짧게 "와!" 하고 놀랐습니다. 너무나 소중한 순간입니다. 시어에 여러 의미가, 생각하면 할수록 깊은 의미가 담겨 있다는 것을 스스로 깨닫는 순간, 이해의 폭과 깊이가 전혀 달라지니까요.

어머니와 뿌리를 연결할 수 있는 것은 어머니의 특징과 뿌리의 특징에 비슷한 점이 있기 때문입니다. 이렇게 사물이나 관념을 다른 사물에 빗대어 표현하는 것을 '비유'라고 합니다. 비유는 자연스러워야 합니다. 독자는 시에서 원관념(어머니)과 보조관념(뿌리)을 찾아내고, 그 연결이 얼마나 자연스러운지 생각하면서 시를 감상합니다. 논리적 사고와 감수성의 거리는 결코 멀지 않습니다.

한편 우리는 생명의 근원, 민족 또는 집안의 근본을 뿌리로 표현하기도 하지요. 추상적인 개념을 구체적인 사물로 나타내는 것이 '상징'입니다. 어린이와 「용비어천가」의 한 구절 "뿌리 깊은 나무는 바람에 흔들리지 않아, 꽃이 좋고 열매가 많나니"를 읽으면서 여기서 뿌리가 상징하는 것에 대해 말해보세요. 바람이, 꽃과 열매가 상징하는 것도 생각해 볼 수 있겠지요. 상징을 배우면 추상적 사고력이 커집니다. 이것 역시 시가 주는 큰 선물입니다.

06

시에서 보이고 들리는
이미지

꽃밥

김유진

벚나무 아래서

도시락 연다

송송송 하늘에 맺힌

연분홍 꽃잎

바람 따라 솔솔솔

내려앉는 꽃비

김밥 도시락

꽃밥 되었다

태훈이와 『뽀뽀의 힘』에 수록된 시 「꽃밥」을 외워보기로 했습니다. 태훈이는 처음 소리 내어 읽었을 때는 "송송송" "솔솔솔"이 재미있다고 하더니, 막상 외우려고 하자 어려울 것 같다고 조금 걱정했습니다. 그래서 먼저 시를 그림으로 그리면 어떻게 표현할 수 있을지 말해보기로 했지요.

"이 시 속에서 계절은 언제일까?"

"봄이요. 왜냐하면 지금 꽃이 피어 있으니까요."

"날씨는 어떨까?"

"왠지 맑을 것 같아요."

"선생님은 왜인지 알 것 같아. 도시락을 싸 들고 나왔잖아."

"바깥에서(나무 아래서) 먹고요."

"그러네. 나무 아래서 무엇을 보고 있지?"

"도시락이요."

"맞아. 그런데 도시락을 연 다음에 '송송송 하늘에 맺힌'이라고 했어."

"올려다보는 건가?"

"그래. 무슨 색이 보이지?"

"연분홍색이요."

"그런데 그때!"

"바람이 불어요! 꽃이 떨어져요."

"모습이 어때?"

"솔솔솔."

"어디로?"

"도시락으로요."

"그래서 '김밥 도시락 / 꽃밥 되었다' 했나 보다. 그런데 이 도시락, 무슨 맛일까?"

"김밥 맛도 나고 꽃 맛도 날 것 같아요."

날씨가 좋은 봄날, 나무 아래서 도시락을 열고 하늘을 올려다보니 하늘에 맺힌 것 같은 꽃잎들이 보입니다. 바람이 불어서 꽃잎이 날리더니 김밥 위에 내려앉습니다. 아름다운 봄 풍경이 눈에 그려지는 듯합니다. 시각적 이미지를 생생하게 살린 덕분이지요. 좋은 시는 이렇게 구구절절 설명하지 않고도 상황을 표현합니다. 이미지를 떠올려 장면을 연결하면서 태훈이는 시를 잘 외웠습니다.

시를 읽으며 떠오르는 이미지가 있다면

시를 읽으면서 보이는 것, 들리는 것, 냄새, 감촉, 맛을 찾아보세요. 구체적이고 생생하게 표현하는 방법을 배울 수 있습니다.

첫봄

박고경

땅바닥을
텅!
내려디디면

물숙하니
들어가는
힘나는 첫봄

봄을 맞이해 힘차게 걸어나가는 어린이 이미지가 떠오르지 않나요? 발을 내딛는 소리가 "텅!" 하고 크게 들립니다. 겨우내 얼었던 땅이 녹았는지 "물숙하니" 발이 들어간다고 하네요. '물숙하다'는 무슨 뜻일까요? 이 작품이 발표된 1930년에는 쓰이던 말이겠지만 지금은 사전에도 없습니다. 그렇지만 우리는 무슨 뜻일지 짐작할 수 있지요. 어린이들은 "뭐가 쑥 들어가는 모습" "아니면 그럴 때 나는 소리" "조금 물컹한 것" 같다고 의견을 내놓았습니다.

　겨울의 단단한 땅을 생각하고 힘차게 발을 디뎠는데 발이 쑥 빠져서 오히려 '힘나는' 첫봄. 소리와 감촉, 기분까지 살아 있는 듯 전해집니다.

07

시의 분위기와
느낌의 차이

    시의 분위기에 대해 말해보자고 하면 어린이들은 보통 시에 대한 '자기 느낌'을 말합니다. 강연에서 만나는 어른들도 마찬가지입니다. 그런데 여기서 짚어야 할 점이 있습니다. 독자의 느낌은 물론 중요하지만 그것이 곧 '시의 분위기'는 아니라는 것입니다.

    문학 작품을 자유롭게 감상하는 것, 특히 시를 자기 느낌으로 읽는 것만을 강조하다 보면 작품 자체에 대한 이해를 등한시하게 됩니다. 초등학교 때는 그럭저럭 시를 이해하는 것 같았던 아이들이 중고등학교 국어 시간에 시 해석을 두고 쩔쩔매는 경우가 많습니다. '시에서 말하고자 하는 것'과 '내가 느끼는 것'을 혼동하기 때문입니다. 시험 문제를 이해하지 못해 엉뚱하게 푸는 것도 여기서 비롯된 일이지요.

특히 시가 가진 분위기, 즉 '시적 정서'와 관련된 문제를 어려워하는 학생들이 많습니다. 당연한 말이지만 저는 문제풀이에 맞게 시를 읽자고 하는 것이 아닙니다. 시에서 표현하고자 한 바와 독자 자신이 받은 인상을 구분하자는 것이지요.

조금 딱딱한 말이지만 문학에서 '분위기'는 작품의 밑바탕을 이루는 색조나 느낌을 가리킵니다. 시의 분위기는 시적 화자(시 속에서 말하는 사람)의 태도나 정서에 따라 달라지지요. 이론으로 접근하면 어렵게 보이지만 앞에서 살펴본 것처럼 시어에 담긴 뜻을 생각하고, 시에서 느껴지는 것들을 충실하게 그려보면 분위기를 알 수 있습니다.

시의 분위기를 알아채는 단서

문제 7번

김준현

다음과 관계없는 것을 고르시오.

정답이라도

관계없는 하나를 골라내고 나면

외로워졌다

쉬는 시간인데

나 혼자 문제를 푼다

아무하고도

관계가 없는 사람처럼

(『나는 법』 수록, 문학동네)

*

나의 꿈

김개미

나의 꿈은 사육사

포악한 사자를

여러 마리 기르는 것

전봇대만 한 기린과

눈 맞추고 얘기하는 것

사과 같은 원숭이 똥꼬를

수박같이 키워 주는 것

토끼 여섯 마리쯤 뚝딱 먹어 치우는

비단구렁이를 목에 감고 노는 것

나의 꿈은 사육사

얼룩말 똥 정도는 맨손으로 집는 것

(『어이없는 놈』 수록, 문학동네)

두 편의 동시가 각각 어떤 분위기를 담고 있는지 살펴볼까요?

어린이들에게 「문제 7번」의 분위기가 어떤지 물으면 "쓸쓸해요" "(주위에 아무도 없어서) 허전해요" "슬퍼요" 하는 다양한 답이 돌아옵니다. 모두 외로움과 관계된 말들입니다. 그런데 "심심하다"고 한 어린이가 있었습니다. 혼자서 문제를 풀면 심심하다는 이유였습니다. 이것은 적절한 감상이 아닙니다. 심심한 것은 지루하고 재미가 없는 것이고, 외로운 것은 의지할 곳이 없어 쓸쓸한 것이지요.

'나'는 '관계없는 것'을 고르는 문제를 풀면서 외로움을 느끼는 사람이고 지금도 혼자 문제를 풀고 있습니다. 마지막 연의 "아무하고도 / 관계가 없는 사람처럼"에서는 꽤 깊은 고립감이 느껴집니다. 시어와 이미지에 단서가 있습니다.

「나의 꿈」의 분위기는 어떤가요? 어린이들은 "웃겨요" "재미있어요" "씩씩해요"라고 합니다. 이유는 "과장이 심해서(기린이랑 눈 맞춘다고 한 것, 비단구렁이를 목에 감고 논다는 것)" "똥꼬라는 말이 웃겨서" "사자를 여러 마리 기른다고 해서"였습니다.

저는 이 시의 마지막 행을 좋아해서 외우고 있습니다. 냄새가 날 텐데, 더러울 것 같은데, 이쯤은 별것 아니라는 듯 얼룩말 똥 '정도'는 '맨손'으로 집을 거라는 호기가 멋지다고 생각합니다. "~는 것"이라는 구절이 반복되어 '나'의 의지가 더 강하게 느껴지지요. 다시 한번, 시어와 이미지에 단서가 있다는 사실을 확인할 수 있습니다.

한 가지 재미있는 이야기를 덧붙이려 합니다. 앞서 소개한 김준현 시인의 『나는 법』을 읽은 한 어린이가 '시 다섯 편 고르기' 숙제를 잘 해왔습니다. 그런데 네 편에는 가로로 접착 메모지를 붙였고, 한 편에는 세로로 붙여 온 것입니다. 혹시 그 한 편은 마음에 들지 않은 작품이냐고 물었더니 어린이는 이렇게 답했습니다.

"네 편은 마음에 든 시가 맞고 왜인지도 알 것 같아요. 그런데 한 편은 아무 이유 없이 그냥 좋은 시예요."

'아무 이유 없이 좋은 시'에 대해서는 묻지 않았습니다. 저 혼자 그 시를 읽고 또 읽으면서 어린이의 마음을 짐작해 볼 뿐이었습니다. 어쩌면 우리가 시를 읽는 진짜 이유는 그런 작품을 만나기 위해서가 아닐까요?

직접 시인이 되어보는
독후 활동

시는 읽고 자신만의 작품으로 간직하는 것이 제일 좋습니다. 그
래도 아쉽다면 시를 써보길 권합니다. 독서교실에서 하는 간단하면
서도 어린이들이 가장 좋아하는 활동이 있습니다. 바로 읽은 시의
제목을 빌려 와서 자기만의 시를 쓰는 것입니다.

단, 제목만 빌려 오지 않고 그 시의 주제나 기법과 관련된 규칙을
한 가지 더하기로 합니다. 제약이 있으면 오히려 창의성이 발휘되
기 마련이지요.

자신만의 시 쓰기

- 「호주머니」를 읽고 '호주머니'라는 제목으로, "갑북갑북"처럼 모양을 나타내는 말을 포함해 쓸 것

- 「첫봄」을 읽고 '첫봄'이라는 제목으로, 소리나 촉감이 느껴지도록 쓸 것

- 「나의 꿈」을 읽고 '나의 꿈'이라는 제목으로, "~하는 것" 형식을 활용해 쓸 것

시 쓰기를 어려워하는 어린이라면 시에서 마음에 든 말을 골라 짧은 글짓기(문장 쓰기)를 해도 좋습니다.

시 읽고 문장 쓰기

- 「꽃밥」을 읽고 "송송송" "솔솔솔"이 들어가는 문장 만들기

- 「문제 7번」을 읽고 "외로워졌다"로 끝나는 문장 만들기

- 「나의 꿈」을 읽고 사자, 기린, 원숭이, 토끼, 비단구렁이, 얼룩말 중에서 두 동물이 등장하는 문장 만들기

더 읽어볼 동시집과 추천 활동

- ·『**박성우 시인의 첫말 잇기 동시집**』박성우 글, 서현 그림, 비룡소, 2019
  같은 글자로 시작되는 낱말 두 개로 시를 써볼 수 있어요. 만화가 함께 있어서 어린이들이 재미있게 볼 수 있어요.

- ·『**티나의 종이집**』김개미 글, 민승지 그림, 천개의바람, 2021
  전학 온 티나를 좋아하게 된 진규의 마음이 한 권의 동시집에 고스란히 담겼습니다. 짧은 말로 어떻게 감정을 풍부하게 표현할 수 있는지 볼 수 있어요.

- ·『**즐거운 소음**』폴 플라이시먼 글, 에릭 베도스 그림, 다산어린이, 2024
  마치 듀엣 곡을 부르듯, 두 사람이 동시에 읽어야 더 재미있는 동시집 입니다. 시집의 안내를 따라 읽으면 어떤 때는 합창이 되고 어떤 때는 대화가 됩니다. 소리 내어 읽는 즐거움을 느낄 수 있어요.

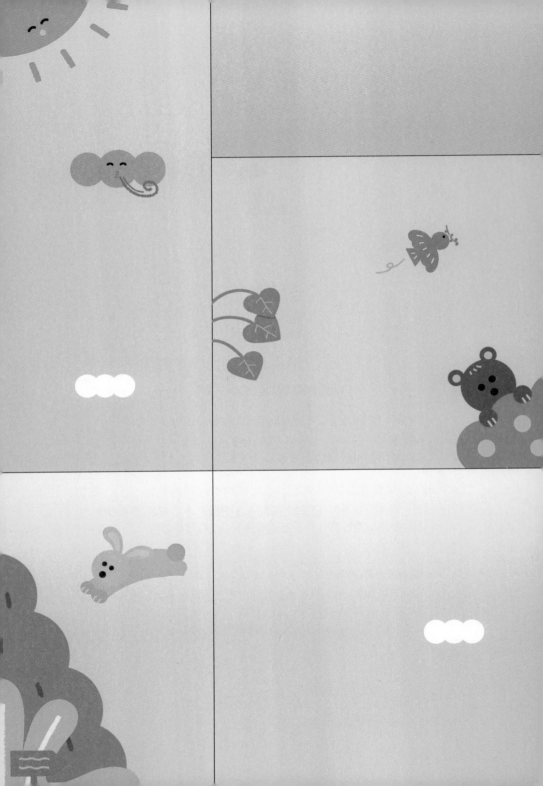

4장

이해하고 표현한 것은 생각이 된다

동화 말하기

글자가 많아서
읽기 어렵다는 오해

대부분 어린이는 초등학교 1~2학년 무렵 동화책을 읽기 시작합니다. 이때쯤이면 글자도 익혔고 학교에서 교과서를 보기도 하니 어느 정도 '읽을 준비'가 된 것으로 보이지요. 그런데 그림책은 그렇게나 좋아하던 어린이가 동화책에는 재미를 붙이지 못하는 경우가 많습니다. 왜 그럴까요?

상담에서 만나는 부모님들은 "글자가 많아지니까 읽기를 귀찮아한다"며 "읽어주면 좋아하면서 혼자 읽는 건 싫어한다"고 말씀하시곤 하는데 제 생각은 조금 다릅니다.

동화책이 그림책과 다른 점은 '글자가 많다'는 게 전부가 아닙니다. 그보다 '글로 쓰여 있다'는 사실 자체가 중요한 차이를 만들어냅니다. 그림책의 언어가 그림이라면, 동화책의 언어는 글입니다.

그림책을 읽을 때 그림을 감상하고 이해해야 하는 것처럼, 동화책을 읽을 때는 글에서 느낌과 생각을 얻어야 합니다. 동화책에서 이야기를 끌고 가는 것은 글입니다. 그림은 내용이나 분위기의 이해를 돕기 위해 들어가는, 말 그대로 '삽화(揷畵)'입니다. 아무리 많이 들어가도 그 역할은 한정적입니다.

그림책과 동화책은 서로 다른 언어를 사용합니다. 그러니 그림책에서 동화책으로 '자연스럽게' 넘어가기를 바라는 것은, 조금 거칠게 표현하면 스페인어를 잘하는 사람은 자연스럽게 중국어도 잘할 것이라는 생각이나 마찬가지입니다.

물론 외국어 공부를 좋아하는 사람이라면 중국어를 익히는 것도 덜 어려울 수 있겠지요. 마찬가지로 그림책과 좋은 관계를 맺었던 어린이라면 동화책도 잘 읽을 가능성이 높습니다. 그림책이 낮은 단계이고 동화책이 높은 단계여서가 아니라, 책과 이야기에 대한 감각을 익혔기 때문입니다.

그림책은 글의 양이 적어서 읽기 쉽고 동화책은 글의 양이 많아서 어려운 게 아닙니다. 관건은 글의 양이 아니라 '글을 이해할 수 있는가'이지요.

아직 읽기가 어렵다면 '듣기'를 중심으로

한 가지 더 짚자면 글자를 안다고 해서 글을 이해할 수 있는 것은 아닙니다. 낱말과 문장, 문맥을 이해하려면 연습이 필요합니다. 읽은 내용의 뜻을 생각하고, 머릿속에 그림을 그려보고, 자신의 이해가 맞는지 확인하면서 계속 읽어갈 때 읽기 능력이 길러집니다.

아이가 동화 읽기를 귀찮아하는 것처럼 보이는 것은 읽기에 필요한 사고 과정을 어려워하고 있기 때문입니다. 이런 어린이를 달래기 위해 그림이 많이 들어간 동화책을 권하면 어떻게 될까요? 그림에 기대어 이야기를 읽는 결과를 낳습니다. 글로 표현된 내용을 잘 이해할 리가 없지요. 글을 이해하기 어려워하는 어린이라면, 당연히 글을 읽는 연습을 해야 합니다. 분량이 짧더라도 글을 읽어야만 내용을 따라갈 수 있는 책을 읽어야 합니다. 이때 동화책을 소리 내어 읽어주는 것도 큰 도움이 됩니다.

특히 저학년 어린이의 독서에는 '듣기'가 포함된다고 생각하는 것이 좋습니다. 자기보다 능숙한 독자가 글 읽는 것을 들으면서 읽는 방법을 배울 수 있기 때문입니다. 문장과 문맥을 이해하기도 쉬워지지요. 듣기 자체가 생활과 학습에 필요한 훈련이기도 합니다. 읽어주는 것을 좋아하는 어린이에게는 계속 읽어주는 것이 좋습니다.

이렇게 해서 글만으로 충분히 이야기를 상상하고 즐길 수 있게 되면, 어린이의 독서에 새로운 세계가 열립니다. 그림책의 세계가 업데이트되는 것이 아니라 아예 새로운 공간이 창조되는 것입니다. 글자로 되어 있지만 그림보다 생동감 있는 세계, 자기 힘으로 그려 냈고 자기만 아는 독립된 세계이지요.

글을 통해 생각을 만나는 경험

『위풍당당 질리 홉킨스』(캐서린 패터슨 글, 비룡소)에는 삽화가 없습니다. 240여 쪽에 이르는 짧지 않은 이야기를 글의 힘으로만 읽어야 합니다. 4학년 어린이들과 이 책을 읽기로 했을 때 조금 걱정하기는 했습니다. 하지만 미리 얘기하면 어린이들이 부담스러워할까 봐 그림에 대한 이야기는 굳이 하지 않았습니다.

그런데 세준이, 동준이, 다은이 셋 모두 책을 아주 재미있게 읽었다고 할 뿐 그림에 대해서는 아예 말이 없었습니다. 제가 이 책에 그림이 없는데 읽기에 어렵지는 않았는지 물었더니 그제야 깜짝 놀랐습니다.

"아니에요, 그림 있었던 것 같은데? 아, 표지에만 있구나!"

"그림 없다고는 생각도 안 하고 읽었어요. 이거 반전이네요!"

"저는 다른 책보다 머릿속에 더 그림이 잘 떠올랐어요. 작가가 글로만 설명하려고 일부러 더 자세히 썼나 봐요."

『위풍당당 질리 홉킨스』

"선생님은 생각이 좀 다른데. 동화에 그림이 들어갈지 말지는 보통 원고를 다 쓴 다음에 결정하거든. 책을 읽을 때 그림이 없으니까 다들 더 열심히 머릿속에 그림을 그려보았을 거야. 그래서 더 생생하게 떠올랐겠지."

어린이들은 놀라서 말 그대로 입을 딱 벌렸습니다. 그게 다가 아닙니다. 머릿속에 그려진 풍경은 저를 포함해 네 사람 각자가 다른 모습으로 갖고 있습니다. 그렇게 다른 풍경을 가지고도 같은 이야기, 즉 『위풍당당 질리 홉킨스』에 대해 의견을 나눌 수 있습니다.

어린이는 동화를 읽으면서 글을 통해 작가를 만납니다. 글로 표현된 작가의 생각을 만나는 것이지요. 그리고 자기 생각과 비교합니다. 독자들끼리 생각을 나누기도 합니다. 그렇게 어린이는 '읽는 사람들'의 세계에 초대됩니다. 어린이가 동화를 읽는 것은 문학이라는 세계의 일원이 되는 것이라고도 할 수 있습니다.

말로 표현해 봐야
알 수 있는 것

동화는 이야기 문학입니다. 이야기는 우리에게 간접 체험이라는 근사한 선물을 줍니다. 이야기 덕분에 우리는 앉은자리에서 세계 곳곳을 여행하고, 안전하게 거친 모험을 즐기며, 가뿐하게 과거와 미래를 오갑니다. 동화를 읽으면서 어린이는 세상이 어떻게 돌아가는지 배우기도 합니다. 무엇보다 어린이는 동화 덕분에 다른 사람의 마음속에 들어가볼 수 있습니다.

좋은 동화에서는 주인공뿐 아니라 모든 인물이 각자의 사정에 따라 생각하고 움직입니다. 그래서 동화를 읽으면 여러 사람의 입장이 되어볼 수 있습니다. 일상에서도 필요한 태도이지만 말처럼 쉽지 않고 그럴 기회도 별로 없습니다. 동화를 읽고 이야기를 나누어 보면 도무지 이해가 되지 않는 인물을 만나기도 합니다. 그것도 좋은 일입니다. '저마다 이유가 있다'는 것을 알면 이해가 안 되는 인물도 받아들일 수 있기 때문이지요.

저는 이것이 진정한 '공감'이라고 생각합니다. 흔히 공감 능력이란 다른 사람의 감정을 헤아리고, 소통을 위해 공통점을 찾는 기술이라고 말합니다. 그런데 먼저 이해하려는 태도를 가져야 진심으로 타인과 공감할 수 있지 않을까요? 그렇게 함으로써 어린이 자신도 남에게 이해받을 수 있다는 믿음을 가지고 건강한 관계를 가꾸어갈 수 있을 것입니다.

동화가 다루는 다양한 주제는 어린이로 하여금 인생과 세상에 대한 전망을 갖게 합니다. 주인공이 어려운 일을 이겨내고 앞으로 나아가는 이야기, 진정한 가족의 의미를 생각하게 하는 이야기, 소수자에 대한 편견을 깨고 인간다움을 성찰하게 하는 이야기, 시대와 사회의 문제를 고민하게 하는 이야기.

동화를 읽으면서 어린이는 옳고 그른 것을 생각하고 가치 있는 삶을 살아갈 용기를 얻습니다. 좋은 동화는 이러한 주제를 잘 짜인 이야기에 녹여냅니다. 그러므로 동화에서 '이야기'를 이해하는 것과 '주제'를 찾는 것은 다른 말이 아닙니다.

생각 정리를 도와주는 동화 말하기

우리는 흔히 어린이에게 생각을 말해보라고 합니다. 그런데 온전히 정리된 생각을 요령 있게 말로 표현하기란 어린이는 물론 어른에게도 쉽지 않은 일입니다. "(생각이 있기는 한데) 그걸 어떻게 표현해야 할지 모르겠어요"라는 고민은 어린이만의 것이 아니지요.

분명히 머릿속에 있는 자기 생각인데 표현하기 어려운 이유는 무엇일까요? 생각이 뚜렷하지 않아서일 수도 있고, 어떤 순서로 말해야 할지 몰라서일 수도 있고, 적절한 어휘를 찾지 못해서일 수도 있습니다.

그런 의미에서 저는 '말하기가 생각을 돕는다'고 생각합니다. 그래서 발표를 위한 말하기만이 아니라 생각을 정리하기 위한 말하기가 필요한 것입니다. 특히 동화책의 줄거리만 말해보아도 금방 알 수 있습니다.

일단 동화책을 읽고 줄거리에 대해 말하면 내용을 잘 이해했는지 확인할 수 있습니다. 흔히 독서퀴즈에서 하는 식의 지엽적인 질문 대신, 주요한 갈등이나 핵심 사건과 관련된 질문을 던지면 어린이는 답하면서 모호했던 부분을 다시 잘 기억하게 됩니다. 이런 연습은 책을 읽을 때 기억해야 하는 것이 어떤 부분인지 알려주기도 하지요.

나아가 스스로 질문하고 답하면서 읽을 수도 있게 됩니다. '어떻게 될까?' '왜 이렇게 말할까?' '앞 장면과 어떻게 연결될까?' 하는 질문을 품고 책을 읽는 것입니다. 이렇게 집중해서 읽음으로써 이해력이 높아지고 독서의 즐거움도 느낄 수 있습니다. 작품에 쓰인 다양한 어휘를 활용해 보고, 인물의 행동이나 사건 개요를 문장으로 설명하면서 어휘력과 문장력을 키우는 것도 줄거리 말하기의 장점입니다. 무엇보다도 줄거리를 잘 요약하면 주제에 접근하기 쉬워집니다. 주제는 주요 갈등, 핵심 사건을 통해 드러나기 때문입니다.

줄거리 외에 동화의 인물과 배경을 이해하는 것도 주제를 찾는 데 있어 중요합니다. 앞서도 말했지만 그 인물이 그렇게 말하고 행동하는 데는 그럴 만한 이유가 있습니다. 그 이유를 생각하면 작가가 하고 싶은 말을 짐작할 수 있지요. 동화의 배경을 짚어보면 시대적, 사회적 환경을 이해하게 됩니다. 작가가 특정 시공간을 배경으로 설정한 것은 꼭 그래야 하는 이유가 있기 때문이니까요.

여기서 중요한 점은 주제는 '작가가' 하고 싶은 말이라는 것입니다. 우리는 작가가 하는 말에 공감할 수도 있고, 다른 식으로 생각을 정리해 볼 수도 있습니다. 작가의 생각과 나의 생각을 비교하는 과정 자체에 큰 의미가 있습니다.

책을 읽으면서 품은 생각을 구체적인 말로 표현해 보면 어린이 스스로도 자기 생각을 알 수 있고, 정리할 수 있지요. 표현한 내용이 곧 생각이 되는 것입니다. 동화의 주제가 독자로 하여금 '머릿속의 생각'을 말하도록 촉진하는 셈이지요.

어린이와 어른이 함께 읽기

동화책 말하기의 가장 좋은 점은 이야깃거리가 풍성해진다는 것입니다. 페리 노들먼은 "문학의 즐거움은 대화의 즐거움이다. 독자와 텍스트 사이의 대화, 텍스트에 대한 독자와 다른 독자와의 대화 말이다"라고 했습니다.* 동화라는 문학 작품 안에서 어린이와 어린이, 어린이와 어른은 마주 보고 이야기를 나눌 수 있습니다.

그러므로 어린이와 함께 책을 읽는 어른들에게 두 가지를 당부하고 싶습니다. 하나는 되도록 어린이와 함께 동화를 읽자는 것입니다. 모든 동화를 같이 읽을 수는 없어도 어린이와 깊이 대화를 나누고 싶은 동화라면 반드시 어른도 함께 읽어야 합니다. 그러지 못했을 때는 어린이에게 '이야기를 청한다'는 마음으로 최선을 다해 들어주세요.

또 하나는 동화가 어른에게는 단순해 보일지라도 어린이에게는

* 『어린이 문학의 즐거움 1』 페리 노들먼, 시공주니어, 2001

그렇지 않음을 기억하자는 것입니다. 어린이는 어른만큼 동화 전체를 보기 어렵고, 주제를 파악하는 것도 더딜 수 있습니다. 어른은 더 많이 읽었고, 더 많이 겪었고, 더 많이 생각한 사람입니다. 어린이가 서툴다는 것은 경험이 적다는 것이지 능력이 없다는 뜻이 아니지요. 어린이를 채근해서도, 얕잡아 보아서도 안 됩니다.

잘 이해하고 싶다면
줄거리 따라가기

의외로 많은 사람이 '동화책을 읽고 줄거리를 정리해야 한다'는 말을 의아하게 여깁니다. 독서-논술 프로그램이나 독서록 쓰기 지도에서 흔히 강조하는 바, '줄거리를 쓰지 말고 자기 생각을 써야 한다'는 주장 때문인 것 같습니다. 그런데 줄거리를 쓰지 말라는 것은 주관이 드러나는 글을 써야 한다는 의미이지, 작품의 내용이 중요하지 않다는 뜻이 아닙니다. 그리고 주관만으로 좋은 글이 완성되는 것도 아니지요. 느낌과 생각에는 근거가 뒷받침되어야 합니다.

그렇다면 동화를 읽은 뒤 생긴 주관의 근거를 어떻게 찾을까요? 바로 줄거리에서 찾으면 됩니다.

동화는 이야기 문학이기 때문에 당연히 줄거리가 중요합니다. 세세한 내용을 대거나 반대로 단순히 내용을 줄여서 말하는 게 아니라, 전체적으로 어떤 이야기인지 파악하고 중요한 내용을 말할 수 있어야 한다는 뜻입니다. 그러려면 이야기의 주된 갈등, 사건의 선후 관계, 등장인물의 특징을 이해하고 기억해야 합니다. 어린이와 함께 줄거리를 정리해 말해보세요.

이야기의 핵심을 파악하려면

『뻥이오, 뻥』(김리리 글, 오정택 그림, 문학동네)은 삼신할머니의 실수로 말귀를 못 알아듣게 된 순덕이 이야기를 그리고 있습니다. 이 동화를 읽은 한 어린이는 줄거리를 정리할 때, 순덕이가 친구들과 잘 대화하지 못하는 이유를 "잘 듣지 않아서"라고 말했습니다. "잘 듣지 않아서일까, 잘 못 알아들어서일까?" 하고 다시 물었더니, 이번에는 "잘 못 들어서요"라고 답했습니다.

'듣지 않음/듣지 못함' '알아들음/들음'의 차이를 생각하지 않고 읽었으니 이야기의 핵심 내용을 이해할 수도 없었습니다. 이야기를 더 나누어보니 이 어린이는 '말/말귀'의 차이를 모르기도 했습니다. 이럴 때 정보를 수정하고 다시 읽지 않으면 작품에 대해 이야기하는 의미가 없습니다.

줄거리를 말해보면 어떤 내용이 더 중요한지 구분하는 법도 배울 수 있습니다. 동화를 읽고 곧장 줄거리를 적으려고 하면 어디서부터 시작해야 할지 막막하지요. 그럴 때 많은 어린이가 '인상적인 장면'을 소개하는데, 그러다 보면 주요 사건과 관계없는 엉뚱한 부분이 줄거리의 대부분을 차지하기 십상입니다.

예를 들어 『뻥이오, 뻥』에서 생쥐가 뻥튀기 할아버지로 변신해 "뻥" 소리로 순덕이의 막힌 구멍을 뻥 뚫어주는 장면은 어린이들이 좋아하는 재미있는 부분입니다. 그렇지만 이야기의 핵심이 되는 장면은 아닙니다. 이때 구멍이 너무 크게 뚫린 탓에 순덕이가 동물들의 말까지 알아듣게 되고, 그 바람에 친구들에게 거짓말쟁이로 몰리는 것이 더 중요한 내용입니다. 이 문제는 순덕이가 '이야기꾼'이 됨으로써 해결됩니다. 줄거리를 정리하면 이야기의 핵심을 파악하게 되고, 이는 곧 작품의 주제와 연결됩니다.

또 줄거리를 정리하면 잘 요약하는 연습을 할 수 있습니다. 줄거리 정리에 서툰 어린이는 앞부분을 소상히 말하다가 뒤로 갈수록 설명이 헐거워집니다. 사건을 설명하다가 "아, 그런데 그 전에 무슨 일이 있었냐면" "원래 그게 뭐였냐면" 하는 식으로 보충하느라 두서없어지기도 합니다. 그에 비해 잘 된 요약은 그 자체로 잘 짜인 이야기가 됩니다.

이야기 전체를 보는 눈으로, 중요한 내용을 골라서, 순서에 맞게, 완결성 있게 줄거리를 정리해 보세요. 이렇게 재구성된 줄거리는 어린이 자신의 콘텐츠라고 할 수 있습니다. 요약하는 능력은 동화를 읽을 때뿐 아니라 어려운 대상을 이해할 때, 많은 정보를 다룰 때도 도움이 되지요. 학습 능력과 연결되는 것은 물론이고요.

여기에서는 줄거리 정리를 어려워하는 어린이를 위한 세 가지 방법을 소개합니다.

첫째, 낱말에서 출발한다

2학년 현성이는 스스로 책을 좋아한다고 말하는 어린이입니다. 부모님도 아이가 도서관에서 시간 보내기를 좋아하고 책도 많이 보는 편이라며 내심 뿌듯해했습니다. 다만 읽은 책에 대해 말해보라고 하면 잘 못하니, 발표력을 키우면 좋겠다는 바람을 가지고 계셨습니다.

그런데 막상 책을 읽고 얘기를 나누어보니 발표력이 문제가 아니었습니다. 줄거리를 사실과 다르게 기억하기도 하고, 내용을 묻는 질문에도 추측으로 답할 때가 많았습니다. 주인공이 어떤 행동을 한 이유가 책에 나와 있는데도 기억을 못하고 짐작으로 말하는 식이었습니다. 집중력이 부족한 탓도 있지만, 그보다는 삽화를 중심으로 동화를 보는 문제가 있었습니다.

동화의 삽화는 그림책의 그림들처럼 서로 연결되지 않지요. 듬성듬성 글을 보며 그림으로 빈 부분을 채우다 보니 이해가 잘 되지 않고, 결국 반쯤은 짐작으로 읽어온 것이었습니다. 이렇게 하면 책을 빨리 볼 수 있기는 합니다. 부담도 적고요. 그래서 책을 좋아하고 많이 읽는데 이해는 잘 못하는 상황이 된 것입니다. 이런 어린이들이 의외로 많습니다.

이야기의 단편적인 부분도 잘 파악하지 못한다면 곧장 줄거리 정리로 들어가는 것보다 내용을 이해했는지 확인하는 것이 먼저입니다. 그렇다고 갑자기 시험 보듯이 꼬치꼬치 내용을 물으면 책을 좋아하는 마음을 잃기 쉽겠지요. 그럴 때 독서교실에서는 '단어 찾기'를 합니다. 책을 소개할 때 꼭 들어가야 할 단어를 적어보는 것입니다. 단어의 개수는 책의 분량과 어린이 수준에 따라 조절합니다. 그리고 적은 단어들을 키워드 삼아 책을 소개해 봅니다.

『뻥이오, 뻥』을 소개하기 위해 낱말들을 뽑아볼까요?

순덕이, 말귀, 삼신할머니, 생쥐, 동물, 거짓말, 순미, 옛날이야기

이 단어들을 엮으면 줄거리를 말할 수 있습니다.

또 단어를 채워 넣는 형식으로 줄거리 정리를 연습할 수도 있습니다.

순덕이는 (   )를 잘 못 알아들어서 학교에서 놀림을 받아요. 이렇게 된 건 (   )가 순덕이 귓구멍에 입김을 제대로 불어넣지 않아서예요. (   )는 심부름꾼 생쥐를 보내 순덕이 귓구멍을 뚫어주게 했는데, 이번에는 너무 (   ) 뚫려서 문제였어요. 순덕이는 개구리랑 토끼가 하는 말도 다 알아듣게 되었어요. 그런데 이번에는 아이들이 순덕이를 (   )라고 놀리는 거예요. 순덕이는 동생 순미가 아팠을 때 동물들에게 들은 이야기를 (   )라고 하면서 들려주었어요. 그래서 순덕이 별명은 (   )이 되었어요.

들어갈 말
말귀, 삼신할머니, 삼신할머니, 크게, 뻥쟁이, 옛날이야기, 이야기꾼

빈칸을 채우면 이야기의 키워드가 나옵니다. 순덕이 동생 이름같이 사소한 정보를 맞힐 필요는 없습니다. 기억하는 게 의미 있는 단어들을 채워 넣어야 합니다. 더 중요한 것은 빈칸을 채운 다음 처음부터 끝까지 소리 내어 읽어보는 것입니다. 독서교실에서는 반드시 이 과정을 거칩니다. 그렇게 해야 스스로 기억한 단어들이 중요한

역할을 해서 줄거리가 정리되는 것을 확인할 수 있기 때문입니다.

어린이는 어떻게 하는지 보아야 그것을 배울 수 있습니다. 좋은 예를 보여주면서 어린이가 따라 할 수 있게 해주세요.

둘째, 말머리와 이음말로 이정표를 만들자

말머리를 제시하고 이어질 말을 만들게 하면 문장으로 말하기가 쉬워집니다. 말한 것을 글로 쓰면 줄거리를 한눈에 확인할 수 있고요. 질문에 '답하기'라기보다 '완성하기'라는 점에서 어린이의 부담도 적은 편입니다.

『책 먹는 여우와 이야기 도둑』(프란치스카 비어만 글·그림, 주니어김영사)을 현성이와 함께 정리했습니다. 밑줄 친 부분은 현성이가 말하고 적은 것입니다.

1. 여우 아저씨의 제일 큰 특징은 책을 먹는다는 것입니다.
2. 여우 아저씨의 직업은 작가예요. 자기가 직접 써요. 자기 책이 제일 맛있어요.
3. 아저씨의 친구는 빛나리 아저씨예요.
4. 최근에 어떤 일이 있었냐면, 도둑을 맞았어요. 이야기 수첩이

랑 물건들이 없어졌어요.

5. 여우 아저씨는 범인을 잡으려고 지하로 내려갔어요. 빛나리 아저씨가 도와줬어요.

6. 생쥐 몽털 씨가 도둑질을 한 이유는 자기도 책을 쓰고 싶어서.

7. 여우 아저씨는 몽털 씨를 도우려고 작가가 되는 법을 가르쳐 주기로 했어요.

8. 몽털 씨가 받은 벌은 도서관 일을 돕는 거예요. 아이들한테 책도 읽어줍니다.

현성이는 처음에 '최근에 어떤 일이 있었냐면'에 "책이 하나도 없어졌어요"라고 답했습니다. 틀린 답입니다. 우선 없어진 것은 그냥 책이 아니라 이야깃감을 모아 놓은 수첩입니다. 또 이야기 수첩뿐 아니라 책 쓰는 데 도움이 될 듯해 모아둔 물건들도 사라졌지요. 그리고 '하나도 없어졌다' 대신 '모두 없어졌다'라고 하는 것이 어법에 맞습니다. 이렇게 책 내용과 다르거나 부정확하게 말한 항목이 몇 군데 더 있어 위의 예시와 같이 정확하게 바로잡았습니다.

줄거리를 한꺼번에 말하거나 쓰게 했다면 처음부터 다시 하느라 저도 현성이도 애를 먹었을 것입니다. 특히 배우는 입장에서는 의욕을 잃기가 쉽지요. 문장 단위로 끊어서 말하는 게 바로잡기가 쉽고, 뒤의 문장들을 완성해 갈 때 비슷한 실수를 줄일 수 있습니다.

또 말머리를 미리 만들어두고 말하게 하면 어린이가 길을 잃을 염려도 줄어듭니다. 말머리만 먼저 읽어보면서 어떤 식으로 줄거리를 정리할지 감을 잡을 수도 있지요. 말로 먼저 하고 글로 쓰기 때문에 부담이 훨씬 적습니다. 이때도 역시 중요한 것은, 처음부터 끝까지 소리 내어 다시 읽어보는 것입니다.

문장 전체를 어린이 스스로 만들 때, 나아가 전체 줄거리를 혼자 말할 때는 적절한 이음말로 개입하면 됩니다. 4학년 지오는 책을 꼼꼼하게 읽는 어린이입니다. 그런데 줄거리를 말할 때 세세한 부분까지 얘기하느라 힘도 들고, 주요 사건에서 멀어지기도 합니다. 지오의 이야기가 제자리를 맴돌 때, 또는 다른 길로 가려고 할 때는 제가 "그런데 그때!" "이번에는" "그만 실수로" "다행히" "결국"처럼 이어주는 말로 끼어들곤 합니다. 주의를 환기하고 과제에 집중하게 만들기 위해서지요.

어린이가 무엇을 배울 때 '자기 힘으로' 하는 것을 강조해서, 또는 창의적인 결과물을 중요하게 여겨서 무엇이든 혼자 해보게 가르치는 분들도 있습니다. 저 역시 큰 틀에서 동의하지만, 때로는 그보다 중요한 게 '잘해본 경험'이라고 생각합니다. 따라 하든 도움을 받든, 잘 만들어본 경험이 있어야 혼자서도 잘할 수 있습니다.

다른 기술을 배울 때도 그렇듯이 어린이가 읽기, 말하기, 글쓰기

를 익힐 때도 본보기가 필요합니다. 말머리와 이음말로 개입하기는 더 잘하는 연주자와 초보 연주자가 함께 연주하는 것과 같습니다. 도움과 자극을 받는 초보 연주자가 혼자 연습하는 사람보다 유리하겠지요.

셋째, 목적지는 '이야기 산'이다

5학년 세진이는 매주 책을 여러 권 읽습니다. 학교와 학원 일정이 빠듯해도 어떻게든 시간을 내어 읽지요. 어머니가 웃음 섞인 말씀으로 "자기 말로는 쉬면서 읽는 거라고 하지만, 어떤 때 보면 책 읽으려고 숙제를 빨리하는 것 같아요"라고 하신 적도 있습니다. 자는 줄 알았는데 이불 속에서 스탠드를 켜고 책을 읽을 때도 있다고 합니다.

한번은 친구네 가족과 여행을 갔는데, 신나게 물놀이를 하고 쉬는 시간에 혼자 숙소 휴게실에 꽂힌 책을 보고 있었다고 합니다. 친구 어머니가 "피곤할 텐데 쉬지 그러냐"고 하자 세진이는 "지금 쉬는 거예요" 하고 대답했답니다.

세진이는 학교 성적도 좋습니다. 이 이야기를 들으면 '역시 책을 많이 읽어서 지식이 많으니 공부도 잘하는구나' 하고 생각하는 분도 있겠지요? 그런데 세진이가 읽는 것은 대부분 이야기책입니다. 세진이는 동화를, 특히 긴 동화를 좋아합니다. 읽을 책이 여러 권 있을 때 가장 긴 책은 아꼈다가 제일 나중에 읽는다면서 세진이는 이렇게 덧붙였습니다.

"이야기가 길면 길수록 재미있거든요."

이 말에 세진이 '휴식'의 비밀이 담겨 있습니다. 세진이에게는 스마트폰 게임보다, 동영상 채널보다, 만화책보다 '긴 이야기'가 재미있는 것입니다. 동화 읽기의 핵심은 재미입니다. 그것을 아는 어린이라면 긴 이야기가 더 재미있게 느껴집니다. 긴 이야기일수록 배경이 더 상세히 묘사되고 인물들이 더 입체적으로 그려지기 때문에 몰입이 잘 되지요. 또 사건이 얽혀 있을수록 결말을 예측하기 어렵습니다. 그런 이야기를 읽는 시간이 주는 즐거움은 너무나 큽니다. 그러니 세진이 말대로 이야기가 길면 길수록 재미있는 것이지요.

그런데 장편동화는 줄거리를 정리하기가 쉽지 않습니다. 길어서가 아니라 복잡하기 때문입니다. 좋은 작품일수록 그렇습니다. 인물이며 사건들이 긴밀하게 연결되어 있기 때문에 설명할 것이 많습니다. 때로는 이야기가 너무나 흥미진진해서 오히려 핵심 사건을 알아차리기 어려울 때도 있습니다. 그래서 더욱 줄거리 정리가 필요하지요. 읽은 것이 어떤 이야기였는지 줄거리를 정리함으로써 비로소 드러나기 때문입니다.

이때 유용한 것이 바로 '발단 - 전개 - 위기 - 절정 - 결말'이라는 틀입니다. 고학년 어린이들에게 이 얘기를 꺼내면 학교에서 배웠다고 하면서도 어렵게, 재미없게 생각합니다. 용어도 순서도 헷갈리고 이렇게 구분하는 것이 딱딱하게 여겨지기 때문입니다. 그래서 독서교실에서는 어린이들에게 '이야기 산'이라는 말로 바꾸어 설명합니다.

① 한 단계씩 이야기 산을 올라가보자

'발단'은 등산로 입구입니다. 동네 뒷산이든 한라산이든 에베레스트산이든 등반이 시작되는 자리이지요. 입구를 지나 걸을 때 우리는 산의 위치도 알고 어떤 산일지 짐작도 하지만 아직 본격적인 모습은 알지 못합니다. 그저 산이 높을지 낮을지, 오르기 어려울지 쉬울지 생각하면서 두루 둘러보며 등산을 시작합니다. 날씨가 좋지 않거나 산의 분위기가 별로 마음에 들지 않으면 돌아올 수도 있습니다. 아무튼 입구까지는 가야 산에 오를지 말지 결정할 수 있습니다.

발단에서는 이야기가 시작됩니다. 만약 놀부와 흥부가 오순도순 살면 이야기가 시작되지 않습니다. 놀부가 흥부를 쫓아내야 등산이 시작되는 것입니다.

'전개'는 상쾌하게 산을 오르는 구간입니다. 나무도 구경하고 계곡 물소리도 듣고 '이 산은 바위가 많구나' '저기 방금 청설모 지나간 거 맞나?' 하면서 여유 있게 산을 오릅니다. 새로운 풍경이 펼쳐져 마음에 들 때도 있고, 길이 생각보다 고르지 않아서 조금 걱정할 수도 있습니다. 그래도 이 산이 궁금해서 더 가보기로 합니다.

전개에서는 이야기가 본격적으로 펼쳐집니다. 가난한 흥부가 제비 다리를 고쳐주었더니 제비가 박씨로 보은을 합니다. 이 산은 착한 흥부에게 좋은 일이 일어나는 기분 좋은 산이네요.

'위기'는 등산이 갑자기 어려워지는 구간입니다. 눈앞에 백 개가 넘는 계단이 나타납니다. 다리도 아프고 숨도 차서 너무 힘들지만 이제 와서 돌아갈 수도 없습니다. 올라가면 대체 어떤 풍경이 있을지 궁금하기도 하고요. 확실히 아래보다 바람도 시원하고 이만큼 올라온 것이 기쁘기도 합니다. 누가 이기나 보자, 하는 마음으로 더 올라가보기로 합니다.

위기에서는 말 그대로 사건이 위태로워집니다. 놀부가 멀쩡한 제비 다리를 부러뜨립니다. 이야기가 대체 어떻게 될지 더 볼 수밖에 없습니다.

'절정'은 산꼭대기입니다. 계단 구간을 지나서 마지막으로 아슬아슬한 바위 몇 개를 타고 올라야 합니다. 정상에 서면 비로소 여태 올라온 길 전체가 보입니다. 멀리 펼쳐진 풍경은 이 산이 있는 자리를 가늠하게 합니다. 이 산이 어떤 산인지 알게 되는 것입니다.

절정에서는 갈등이 최고조에 이르고 돌이킬 수 없는 변화가 일어납니다. 이 부분에 주제, 즉 작가가 하고 싶은 말이 있습니다. 놀부에게도 박씨가 주어집니다. 놀부 부부가 박을 탑니다. 이제는 돌아갈 수가 없지요. 그리고 이 박에서는 온갖 두려운 것들이 쏟아져 나옵니다.

'결말'은 내리막길입니다. 올라올 때는 산을 구경하는 재미가 있었지만 내려갈 때는 그럴 사이 없이 발길을 서두르게 됩니다. 내려가는 길은 가파를수록 좋습니다. 다리가 풀리긴 해도 훨씬 수월하고요. 보람도 있지요.

결말에서는 갈등이 해소되고 사건이 끝납니다. 상과 벌이 적절하면 독자는 만족합니다. 놀부 박에서 나온 귀신들이 놀부를 혼내주면서 이야기는 마무리됩니다. 놀부가 벌을 받는 것은 잘됐지만, 그 얘기를 오래 듣고 싶지는 않습니다. 인기 드라마도 연장하면 재미없어지는 법이지요. 그래서 어떤 이야기는 절정과 결말을 한데 묶다시피 하기도 합니다.

이야기 산을 익힌 뒤에는 『흥보전』처럼 잘 알려진 이야기를 적용해 봅니다. 그림책이나 짧은 이야기책으로 연습해도 좋습니다. 어렵게 느껴지면 발단 같은 말은 빼고 산 그림만 활용해도 좋습니다. 이야기가 어떻게 짜였는지를 알기만 하면 됩니다. 이야기 산 그림에 내용을 간단하게 메모하고, 그것을 보면서 말해보세요.

사건이 많이 일어난다거나 관계가 복잡하게 얽혀 있을 때는 어디까지를 발단으로 볼지, 위기와 절정을 어떻게 구분할지 헷갈릴 수 있습니다. 그럴 때 독서교실에서는 산꼭대기, 즉 절정을 먼저 찾기도 합니다. 어린이들에게 '가장 아슬아슬한 장면' '무언가 폭발할 것 같은 장면' '이제까지와는 얘기가 전혀 달라지는 장면' '결말과 연결되는 장면'을 고르자고 하면 어렵지 않게 찾아냅니다.

② 만약 어느 장면이 절정인지 모를 때는?

『수일이와 수일이』(김우경 글, 권사우 그림, 우리교육)는 하기 싫은 일을 맡기려고 쥐에게 손톱을 먹여 가짜 수일이를 만들어낸 수일이가 오히려 가짜에게 쫓겨나 곤욕을 치르는 이야기입니다. 처음에는 흐릿했던 가짜 수일이의 캐릭터가 뒤로 갈수록 또렷해지고, 그럴수록 진짜 수일이와 덕실이(수일이를 돕는 개)가 궁지에 몰리면서 독자를 긴장시킵니다. 어느 장면이 절정인지 헷갈릴 정도입니다.

독서교실 어린이들도 처음에는 진짜 수일이와 가짜 수일이가 몸싸움을 하는 장면, 진짜 수일이가 집에서 쫓겨나는 장면을 절정으로 골랐습니다. 그런데 '산꼭대기처럼 더 갈 곳이 없는 장면'을 찾자고 했더니 금방 "진짜 수일이랑 덕실이가 쥐로 변하는 장면"을 절정으로 보는 게 좋겠다고 의견을 모았습니다. 이러한 절정을 향해 이야기가 어떻게 진행되는지, 또 그 뒤로 어떻게 마무리되는지 각자 정리해 보기로 했습니다. 그랬더니 다빈이, 동건이, 성찬이, 그리고 저의 정리가 거의 비슷하게 나왔습니다.

> 발단: 수일이가 자기 손톱으로 가짜 수일이를 만들었다.
> 전개: 가짜 수일이는 학원을 다니고, 진짜 수일이는 놀러 다닌다.
> 위기: 가짜 수일이가 가족 여행을 다녀와서부터 진짜 행세를 한다. 가짜 수일이가 진짜 수일이를 협박한다. 진짜 수일이와 덕실이가 집에서 나와 들고양이를 찾으러 간다.
> 절정: 진짜 수일이와 덕실이가 가짜 수일이 때문에 쥐로 변한다.
> 결말: 들고양이 덕분에 자기 모습을 찾는 수일이, 덕실이와 들고양이 방울이가 함께 가짜 수일이를 물리치러 간다.

그런데 왜 작가는 절정 부분에 수일이가 쥐가 되는 장면을 넣었을까요? 어린이들은 "한번 쥐의 입장이 되어보라고" 그랬을 것이라고 말했습니다. 『수일이와 수일이』는 가짜가 아닌 '진짜 나'에 대해 생각해 보게 하는 이야기입니다. 가짜 수일이가 진짜 행세를 할 때 진짜 수일이가 어떻게 자신을 증명할 수 있을지 고민하는 것처럼 말이지요.

이 이야기를 전체적으로 이해하지 못하면 단순히 가짜를 만든 진짜 수일이가 나쁜지, 남의 자리를 차지하려는 가짜 수일이가 나쁜지 가리는 데서 논의가 끝나고 말 것입니다.

③ 이야기의 결말이 마음에 들지 않는다면?

『수일이와 수일이』를 읽은 어린이들은 대체로 결말을 만족스러워하지 않았습니다. 이야기는 정말 재미있지만 마지막 장면이 아쉽다는 것입니다.

"가짜 수일이를 확실히 내쫓고 끝나면 좋겠어요."

"아니, 성공을 못하더라도 최소한 다시 대결하는 건 나왔으면 좋겠어요."

"가짜 수일이는 무슨 꿍꿍이인지도 궁금해요."

"맞아. 처음에는 쥐로 돌아가게 해달라고 그렇게 빌더니. 갑자기 마음이 변했어."

"가족 여행 가서 무슨 일이 있었나?"

"이거는 2편이 있어야 돼요."

그래서 2편은 어린이들이 직접 써보기로 했습니다. 단, 뒷이야기도 역시 발단 - 전개 - 위기 - 절정 - 결말에 맞추어 구성해야 한다고 조건을 달았습니다. 이론을 이해하기 위해서는 실행해 보는 게 제일 좋은 방법이니까요. 어려워할까 봐 걱정했는데 어린이들은 진짜 작가가 되는 기분이라며 재미있어 했습니다.

'뒷이야기 만들기'는 일반적인 독후 활동인데 이렇게 이야기 산을 먼저 그려보고 글을 쓰면 훨씬 짜임새 있는 이야기를 만들 수 있습니다. 어린이들은 『수일이와 수일이』의 결말인 '진짜 수일이, 덕실이, 방울이가 가짜 수일이를 물리치러 간다'를 뒷이야기의 발단으로 삼아 각자 이야기 산을 그리고 이야기를 지어냈습니다.

성찬이의 전개에는 진짜 고양이인 방울이를 보고 수일이 친구들이 하나둘 생쥐가 되는 내용이 쓰였습니다. 수일이가 그랬던 것처럼 다른 아이들에게도 사실은 '가짜'가 있었다는 것입니다. 재미있는 설정이지요?

동건이의 절정에서는 가짜 수일이가 원래는 호랑이였다가 쥐 발톱을 먹고 쥐가 된 것이라는 숨은 사연이 폭로됩니다.

다빈이는 『수일이와 수일이』의 열린 결말이 마음에 안 든다고 했지만, 자기 이야기의 결말도 열어두었습니다. 모험을 잘 마친 수일이가 집으로 돌아올 때 옆집 아이가 "아, 학원 가기 싫다. 누가 나 대신 가줬으면!" 하고 외치는 소리가 들려오는 것입니다.

④ 이야기의 뼈대를 알면 전체를 볼 수 있다

이야기 산은 결국 이야기 구조를 이해하기 위한 것입니다. 이야기의 뼈대를 알면 좋은 점이 많습니다. 독서교실에서는 친구에게 책을 소개할 때 발단까지만 말하기로 합니다. '재미있다' '슬프다'만으로는 그 책만의 특징을 소개할 수 없고, 중요한 내용을 말하면 나중에 읽을 때 재미가 없기 때문입니다. 재미있게도 어린이들은 발단을 최대한 흥미롭게 소개합니다.

"『지구 행성 보고서』(유승희 글, 윤봉선 그림, 뜨인돌어린이)는 외계인들이 지구에 불시착한 얘기야. 그런데 지구에 마침 자기네랑 비슷한 종족이 있어서 그걸 흉내 내면서 살기로 결심했어. 그게 뭔지는 말할 수 없어."

"『달빛 마신 소녀』(켈리 반힐 글, 양철북)는 판타지 동화야. 마녀가 버려진 아기를 입양했는데 마녀한테도 비밀이 있고, 아기한테도 비밀이 있어."

한번은 『장수 만세!』(이현 글, 변영미 그림, 창비)를 소개하려던 건우가 멈칫한 적이 있습니다.

"아, 이 책은 발단이 꼭 절정 같은 책인데. 시작하면서 너무 결정적인 얘기가…. 아니, 아니다. 진짜 절정은 나중에 나오니까. 이 책은 혜수가 베란다 아래를 내려다보다 떨어져서 저승에 가는 게 발단이야."

건우는 발단만 말했지만 이야기 전체를 잘 이해했다는 것은 더 듣지 않아도 알 수 있었습니다.

깊이 빠져들고 싶다면
인물 살펴보기

동화는 '픽션'이라는 점에서 어른들이 읽는 소설과 나란히 이야기될 때가 많습니다. 개인적인 독서 경험에 비추어 말씀드리자면, 저는 소설과 다른 동화의 특징이 '매력 있는 인물'에 있다고 생각합니다. 삐삐, 앤, 하이디, 톰 소여, 피노키오를 떠올려보세요. 이런 동화들은 아예 제목부터 주인공 이름을 내세워 독자의 호기심을 끌기도 하지요.

동화의 인물들은 말과 행동으로 개성을 드러내고, 좌고우면하지 않고 사건에 뛰어듭니다. 그래야 독자를 사로잡을 수 있기 때문입니다. 소설에서는 인물이 심각한 고민에 갇혀 있거나 끝내 속을 보여주지 않을 때도 있지만 동화는 다릅니다. 어린이는 어른들처럼 인내심을 가지고 작가의 뜻을 헤아려주지 않습니다.

'호빵맨'이라는 걸출한 캐릭터를 탄생시킨 야나세 다카시의 말을 빌리자면 어린이는 "마음에 들지 않는 책은 가차 없이" 내던집니다. "세상에서 가장 냉혹한 비평가"이지요.* 애니메이션 <호빵맨>도 원작은 어린이책입니다.

작가는 사건을 통해 주제를 전달하고, 사건은 인물에 의해 전개됩니다. 동화의 인물을 이해하는 것은 그래서 중요합니다. 그렇다 보니 어린이에게 제시되는 독후 활동 양식에도 '가장 마음에 드는 인물 고르기' '내가 주인공이라면 어떻게 했을까 쓰기' '주인공 인터뷰' 등 인물과 관련된 것이 많습니다.

그런데 등장인물들을 여러 면에서 이해하지 않은 채로 가장 마음에 드는 인물을 고르는 것은 큰 의미가 없습니다. 또 인물이 그렇게 행동한 이유와 과정을 살피지 않으면 그의 입장이 되어보기도 어렵지요. 주인공에게 묻고 주인공이 되어 답하는 인터뷰도 마찬가지입니다.

* 『네, 호빵맨입니다』 야나세 다카시, 지식여행, 2017

인물을 표현하는 다양한 말 찾기

동화를 읽고 등장인물의 성격을 나타내는 말을 찾아보세요. '당당하다 / 꼼꼼하다 / 자유롭다 / 고집이 세다 / 느긋하다 / 급하다 / 책임감 있다' 등이 그 예입니다. 이런 말하기는 인물을 이해하는 데도, 표현력을 기르는 데도 도움이 됩니다. 이때는 되도록 가치 판단은 접어두고 먼저 작가가 그린 인물 자체에 집중하도록 합니다. 어린이의 느낌대로 "짜증나는 성격이에요" 하기보다는 "변덕이 심해요"라고 객관적으로 말하는 게 좋겠지요. 평가는 그다음에 붙여도 됩니다.

표현력이 부족한 어린이들은 종종 "그런 걸 뭐라고 하는지 잘 모르겠어요"라며 주저합니다. 그럴 때 저는 "풀어서 말해도 되고, 비슷하다고 생각하는 말로 해도 돼. 그러면 선생님이랑 같이 찾아보자"하고 격려합니다.

『꼬마 바이킹 비케』(루네르 욘손 글, 에베르트 칼손 그림, 논장)를 읽은 지오는 비케의 아버지 할바르를 두고 "무엇을 한 가지 하면 그것만 알고 남의 말도 안 듣는 성격"이라고 했습니다. 그것으로도 훌륭한 설명이지요. 이 기회에 '고지식하다'는 말을 배우고, 반대되는 표현으로 '그때그때 상황에 맞게 한다, 융통성 있다'는 말을 배우면 어휘력이 늘어납니다. 재미있게도 비케가 바로 그런 성격입니다. 그래서 두 인물의 성격을 대조해 봄으로써 각자의 특징을 확인할 수도 있었습니다.

사람의 성격을 표현하는 다양한 단어를 먼저 제시하고, 보기 중에 골라서 말해보게 해도 됩니다. 중요한 것은 직접 그 표현을 사용해 보는 것이니까요.

인물의 마음이 드러나는 대목 찾아 읽기

일상에서 우리의 표정, 말투, 행동은 종종 마음을 드러냅니다. 동화의 인물도 마찬가지입니다. 『이상한 나라의 앨리스』에서 작가 루이스 캐럴은 앨리스가 호기심이 많은 아이라고 직접 말하지 않습니다. 다만 주저 없이 토끼를 따라 굴속으로 들어간다고 표현할 뿐입니다.

주인공의 감정도 마찬가지입니다. 문학성이 뛰어난 작품일수록 '외롭다' '기쁘다'라고 직접 말하기보다 그 마음을 독자에게 더욱 생생하고 섬세하게 전달하는 독창적인 표현을 보여줍니다. 그런 멋진 표현을 발견하는 것이 동화라는 문학을 읽는 큰 즐거움 중 하나 아닐까요?

인물의 마음이 드러나는 말과 행동을 찾아서 소리 내어 읽고 느낌을 말해보세요. 『루카-루카』(구드룬 멥스 글, 미하엘 쇼버 그림, 풀빛)는 어느 날 갑자기 반 친구 루카와 사랑에 빠진 파니 이야기입니다. 어린이의 사랑이라고 해서 그저 귀엽게만 그리지도, 어른들을 흉내 내는 풋사랑으로 그리지도 않았습니다. 특별한 감정이 생겨나고 고조되는 과정, 루카와 멀어지고 끝내 이별을 받아들이는 과정이 파니의 시점에서 찬찬히, 세밀하게 표현되었습니다.

6학년 어린이들과 이 책을 읽고 파니가 루카를 좋아하는 마음이 드러난 부분을 찾기로 했습니다. 여러 곳을 찾았는데 함께 찾아 읽는 곳 어디에도 '나는 루카를 너무나 좋아한다'는 직접적인 표현이 없었습니다. 그러나 파니의 마음은 더 설명하지 않아도 알 수 있습니다.

어린이들에게도 그 마음이 잘 전달되었는지 구절들을 읽을 때 모두 조금씩 얼굴이 붉어졌습니다. 파니가 루카와 이별하고 괴로워하는 구절들을 읽을 때는 "아아…" 하는 작은 탄식이 여기저기에서 나오기도 했습니다.

소리 내어 읽고 또 그것을 듣는 순간에는 특별한 감동이 있습니다. 골라낸 장면에 자신의 느낌을 덧붙여 말해도 좋고, 여운을 그대로 간직해도 좋습니다.

인물의 변화 알아보기

이야기가 진행되는 동안 인물의 마음, 생각, 성격에는 변화가 일어납니다. 『위풍당당 질리 홉킨스』의 질리는 위탁 가정을 전전하며 마음의 문을 닫아걸었습니다. 질리는 누구에게나 버릇없이 굴고 못된 행동으로 주변 사람을 질리게 합니다. 그러다 마음 푸근한 트로터 아줌마의 집에서 어린 윌리엄 어니스트와 함께 지내면서 얼었던 질리의 마음도 조금씩 녹아내립니다.

유호는 이 책이 아주 재미있었다고 하면서도 좀 이상한 대목이 있다고 했습니다. 질리가 윌리엄 어니스트에게 싸우는 법을 알려주면서 왠지 신난 것처럼 보인다는 것입니다.

"싸움을 가르쳐주는 게 좋은 일은 아니잖아요. 그런데 왜 기분이 좋아 보이는지 모르겠어요."

"왜 질리 기분이 좋아 보인다고 생각했어?"

"'처음치고 괜찮았어'라고 말한 것도 그렇고, 트로터 아줌마가 뭐라고 하는데도 부끄러워하지 않으니까요."

"맞아. 질리가 왜 윌리엄 어니스트한테 싸우는 법을 가르치는지 아줌마한테 설명하는 대목도 있지."

"애(윌리엄 어니스트)도 자기 스스로를 지킬 줄 알아야 된다고 했어요."

"그래. 그런데 생각해 보면, 질리는 원래 누가 남한테 당하거나 말거나 신경 쓰는 아이가 아니었어. 왜 윌리엄 어니스트한테는 신경을 쓸까?"

"맞으면 아프니까요?"

"그건 옛날에 만난 위탁 가정 아이들도 마찬가지였을 텐데."

"그러네요. 그런데 이제 질리가 가족을 신경 쓰고 있잖아요."

"맞아! 신경 쓰고 있지. 마음을 쓰고 있어. 질리가 달라졌어."

"그래서 자기가 잘하는 걸 가르쳐주는 거네요. 마음을 표현한 거네요."

"그럴 때 기분이 어떻지?"

"기분이 좋아요."

등장인물이 변화하는 부분, 또는 변화했다는 사실이 느껴지는 부분을 찾아 읽고 이전과 이후를 나누어 설명해 보세요. 또 그렇게 바뀐 이유도 찾아보세요. 여기에도 작가의 메시지가 있습니다.

첫 장면에서 계속 풍선껌을 씹으며 독자의 신경을 긁던 질리가 가족과 이웃을 이해하고 자기가 갈 길을 받아들이기까지 어떤 일이 있었는지 돌아보면 주변의 좋은 영향이 얼마나 중요한지 새삼 깨닫게 됩니다. 질리처럼 기꺼이 마음을 열자는 것도, 또는 질리의 주변 사람들처럼 사랑과 책임감으로 이웃을 돌보자는 것도 작가가 하려는 말입니다. 즉 주제이지요.

인물 사이의 관계 파악하기

6학년 어린이들과 읽은 『오이대왕』(크리스티네 뇌스틀링거 글, 유타 바우어 그림, 사계절)은 거의 모든 장면에 갈등 요소가 있는 복잡한 작품입니다. 볼프강네 집에 처음 보는 생명체가 나타나 자신을 지하실 어딘가에 살던 쿠미-오리 2세 대왕이라 주장합니다. 그리고 정치적 망명을 하겠노라 선언하면서 이야기가 시작됩니다.

오이대왕 때문에 일어나는 사건만 해도 한두 가지가 아닙니다. 그런데 그보다는 불청객의 출현으로 볼프강네 가족의 묵은 문제들이 불거지면서 인물 간의 갈등도 여러 모습으로 드러난다는 점이 중요합니다.

특히 볼프강의 아버지가 오이대왕과 결탁해, 지하의 쿠미-오리들을 몰살시킬 계획을 세우면서 이야기가 절정으로 치닫습니다. 오이대왕의 진실을 알게 된 아버지는 집을 나가기도 하고요. 간단히 설명하기가 어려운 작품입니다.

그런데 수업을 시작하기도 전, 성찬이는 독서교실에 도착하자마자 저에게 물었습니다.

"그런데 왜 아빠는 오이대왕을 좋아했을까요?"

"아주 좋은 질문이야. 오늘 나눌 얘기의 가장 중요한 부분이거든. 그렇게 물어보는 걸 보니까 성찬이도 읽으면서 생각해 봤을 것 같은데, 짐작 가는 게 있어?"

"짐작을 계속 해봤는데 잘 모르겠더라고요. 일단 저는 오이대왕은 너무 싫고, 다른 식구들도 다 싫어하잖아요. 오이대왕은 처음 등장했을 때부터 아빠한테도 이래라저래라 하고요. 그런데 왜 아빠는 그렇게 푹 빠졌는지 그게 이상해요."

이렇게 좋은 질문을 떠올렸다는 것은 성찬이가 책을 아주 잘 읽었다는 증거입니다. '아빠는 왜?' '왜 아빠만?' 하는 질문 자체가 주제를 찾는 실마리가 됩니다. 수업 때는 작품의 등장인물 관계도를 그려보기로 했습니다.

볼프강네 가족들을 모두 적은 다음, 서로 좋은 관계면 두 줄($=$), 그저 그런 관계면 한 줄로($-$) 연결합니다. 사이가 나쁘면 한 줄 화살표로($\leftarrow\rightarrow$), 아주 나쁘면 두 줄 화살표로($\Longleftrightarrow$) 표시합니다. 이야기가 진행됨에 따라 사이가 좋아지는 관계도 있고, 보기에 따라 관계를 친하다고 여길 수도, 그저 그렇다고 여길 수도 있지요. 그래서 성찬이, 다빈이, 동건이가 그린 관계도가 서로 같지는 않았습니다. 그렇지만 한 가지 공통점은 있었습니다.

"화살표를 제일 많이 받은 사람이 누구지?"

"아빠요! 아빠는 모든 가족이랑 사이가 안 좋네요. 엄마가 조금 잘해주긴 하지만요."

"닉(막내)은 아빠랑 사이가 좋아요. 아빠가 예뻐하잖아요."

"그렇지. 아빠와 특히 사이가 안 좋은 사람은 누구지?"

"할아버지요. 할아버지하고는 두 줄 화살표예요. 사사건건 싸우잖아요."

바로 여기에서 '아빠는 왜?' '왜 아빠만?'의 힌트를 구할 수 있습니다. 제가 다시 물었습니다.

"아빠는 왜 가족들과 사이가 좋지 않을까?"

"아빠는 뭐든지 마음대로 하니까요. 집에서 소리도 지르고, 마르티네 누나가 옷 입는 거 갖고도 뭐라고 하고."

"자기도 무서운 게 많으면서 다른 사람들한테는 아닌 척해요. 텔레비전도 아빠가 보고 싶어 하는 것만 보고요."

저는 이러한 아빠의 태도를 '권위주의'라는 말로 설명했습니다. 권위를 내세워 자기 뜻에 따르게 만드는 권위주의적인 태도 때문에 아빠가 다른 가족과 사이가 좋지 않은 거라고 말이지요. 그렇게 말하고 나니 아빠가 특히 할아버지와 사이가 나쁜 이유가 자연스럽게 나왔습니다. 할아버지만은 아빠가 마음대로 하기 어려운 대상이라는 것이지요. 이번에는 다빈이가 물었습니다.

"그런데 막내 닉하고는 사이가 좋잖아요. 아, 닉은 말을 잘 들으니까 그런 건가?"

"그렇다고 볼 수 있지. 닉은 아직 어려서 아빠가 원하는 대로 되니까."

"그런데 나중에는 닉도 아빠랑 사이가 나빠질 것 같아요. 볼프강이 닉한테 너도 크면 안 그럴 거라고 하잖아요. 자기도 그랬다면서."

"선생님 생각은 다른데. 마지막에 닉이 중요한 역할을 하는 걸로 봐서."

어린이들의 의견이 활발하게 오갔습니다.

"오이대왕을 내다 버리는 게 닉이죠!"

"맞아! 나는 볼프강이 할 줄 알았는데 닉이 해서 이상하다고 생각했어."

"선생님은 그래서 희망이 있다고 생각해. 앞으로는 아빠도 변할지도 모르고."

동건이는 다른 문제를 제기했습니다.

"그런데 권위가 필요할 때도 있지 않아요? 누가 나서서 뭘 결정해야 될 때도 있잖아요. 예를 들어서 가족들이 각자 먹고 싶은 게 다르면 누가 정해야 되잖아요."

"가위바위보를 하면 되지."

"가위바위보를 할지 말지 누군가 정해야 된다고."

이번에는 제가 '권위주의'와 다른, '권위'에 대해 설명했습니다.

"권위는 다른 사람을 따르게 하는 힘이야. 때로는 그런 힘이 필요할 때가 있지. 가족의 안전이 걸린 일, 자녀를 교육하는 일처럼. 그럴 땐 권위가 필요해. 그러면 여기서 문제! 진짜 권위에는 '이것'이

따릅니다. 이것은 무엇일까요?"

"솔선수범하는 거요."

"자기가 했다고 내세우지 않는 거요."

"책임지는 거요."

볼프강의 아빠는 권위 없이 권위주의적인 태도로 일관하기 때문에 가족들과 사이가 좋지 않은 것입니다. 이제 성찬이가 저에게 했던 첫 질문으로 돌아가보겠습니다. 아빠는 왜 오이대왕을 좋아하게 됐을까요?

"자기랑 처지가 비슷하다고 생각해서요. 오이대왕도 큰소리만 치는데 쿠미-오리들이 인정을 안 해줘서 쫓겨났잖아요."

"그리고 오이대왕이 나중에 자기 말대로 하면 사장이 되게 해준다고 했고요."

그렇게 해서 성찬이의 질문은 답을 찾았습니다. 아빠와 오이대왕은 권위를 내세우면서 주변과의 소통을 거부합니다. 이렇게 비뚤어진 권위주의를 비판하는 것이 바로 이 작품의 주제입니다. 주제를 찾는 과정에서 자연스럽게 주제에 대한 각자의 생각을 말한 셈이 되었지요.

인물 관계가 복잡한 이야기도 얽히고설킨 것을 풀어보면 갈등의 핵심이 드러납니다. 물론 독자는 누구의 편에도 설 수 있습니다. 그렇지만 그 전에 공정하게 사태를 파악해야 합니다. 말하기가 그것을 도와주지요.

읽은 내용에 대해 묻고 답하면서 생각이 정리되면 인물을 비판할 때 나름의 기준을 세우게 됩니다. 공감의 폭도 더 넓어지지요. 비로소 '주관'을 세울 수 있는 것입니다.

배경에 집중하면
주제가 보인다

어린이는 재미와 감동을 위해 동화를 읽습니다. 그러면서 자연스럽게 사람들이 살아가는 모습을 봅니다. '삶'이 담긴 이야기에는 언제나 시공간의 공기가 묻어나게 마련이지요. 그런 의미에서 특정한 시대, 특정한 공간의 이야기이기에 더욱 의미가 있는 작품들이 있습니다. 작가는 왜 하필이면 그 시대, 그 공간의 이야기를 쓰기로 했을까요? 그 답을 찾아보는 것도 동화의 주제를 찾는 방법 중 하나입니다.

『별을 헤아리며』(로이스 로리 글, 양철북)는 1940년대, 나치가 덴마크를 점령했던 시절을 배경으로 합니다. 나치가 덴마크에 살고 있는 유대인들을 수용소로 보내기 시작하자, 안네마리의 가족은 엘렌 가족을 구하기 위해 위험을, 어쩌면 목숨을 건 모험에 나섭니다. 이야기 초반 안네마리는 자신이 별로 용기가 없는 사람이라고 생각하는 한편, 그래도 되는 삶을 살고 있어 다행이라 여깁니다. 하지만 어느 순간 이 모험의 가장 중요한 역할을 맡게 되지요.

책을 읽기 전에 어린이들과 제2차 세계대전, 홀로코스트에 대한 기본 지식을 정리했습니다. 책에는 '레지스탕스(지하 저항 운동)'가 중요하게 나오지만, 그들의 활동이 과격할 수밖에 없었던 이유를 작품 안에서 이해하기를 바라는 마음에 그 이야기는 따로 하지 않았습니다.

사실 이런 작품은 사전 지식이 없어도 읽을 수 있습니다. 이야기 자체에 시대 상황과 분위기가 잘 묘사되어 있기 때문입니다. 그렇지만 배경을 알고 읽으면 확실히 더 잘 몰입할 수 있고 감동도 커집니다.

배경 속에 담긴 것들

『별을 헤아리며』를 읽은 느낌을 나누는 시간에 어린이들은 이렇게 말했습니다.

"아주 우울하고 슬픈 이야기일 거라고 생각하고 읽었는데, 꼭 그렇지만은 않아서 다행이었어요. 감동적이었어요."

"저는 유대인 학살 이야기라고 해서 나치나 유대인이 주인공 입장일 줄 알았어요. 그런데 이 책은 제삼자의 입장에서 그때 무슨 일이 있었는지 얘기하는 게 새로웠어요."

어린이들과 시대의 분위기를 짐작할 수 있는 대목을 찾아 읽었습니다. 처음에는 동네를 감시하는 정도였던 나치가 뒤로 갈수록 위협적으로 그려지는 것, 나치를 따돌리기 위해 사람들이 비밀 작전을 펼치는 것 등을 짚을 수 있었습니다.

작품에는 덴마크 사람들이 독일 군대의 명령에 저항하는 뜻에서 자신들의 함대를 가라앉혀 버린 일이 나오는데, 이는 실제로 있었던 사건입니다. 어린이들은 일제 강점기의 우리나라와 비슷했을 것 같다는 의견도 냈습니다.

나아가 '용기'에 대한 안네마리의 생각이 달라지는 과정도 짚어 보았습니다. 평범한 안네마리가 한밤중에 나치와 마주치는 위험을 무릅쓰고 비밀 작전을 수행할 수 있었던 것은 사명감이 두려움보다 컸기 때문입니다. 그러고 보면 레지스탕스뿐 아니라 보이지 않는 곳에서 유대인을 도운 수많은 이들도, 희망을 놓지 않은 유대인들도 모두 용감한 사람들입니다. 결국 삶과 자유의 가치를 믿고 그것을 위해 싸운 사람들 모두가 역사의 주인공이라는 것이지요. 『별을 헤아리며』의 배경을 생각하며 이야기를 나누면 이 점을 알 수 있습니다.

우찬이는 독후감에 "처음 제목만 보았을 때는 낭만적인 내용일 줄 알았다"며, 이 책을 읽은 덕분에 유대인과 나치 문제를 알았다고 적었습니다. 그리고 "나치의 친구나 가족들도 그런 생각에 찬성했는지 알고 싶다"고도 적었습니다. 문학의 독자는 사회에도 관심을 갖게 되는 법입니다.

배경은 주제와 연결되어 있다

장편 SF 동화 『아일랜드』(김지완 글, 경혜원 그림, 문학과지성사)의 배경은 가까운 미래의 국제공항입니다. 주인공 유니온은 인공지능 안내 로봇입니다. 사람들과 접촉하며 일하기 때문에 버전이 업그레이드 될 때마다 사람과 더 친근하게 소통할 수 있게 되지요. 마침내 유니온은 인간과 인간이 아닌 존재, 인간이 아니지만 '자기 자신'을 인식할 수 있는 존재를 구분하고 고민하면서 성장해 갑니다.

이 책의 시간적, 공간적 배경은 유니온의 이야기가 펼쳐지기에 모두 알맞습니다. 공항에서 유니온은 사람을 많이 만날 수 있고, 동시에 그들 모두와 헤어지곤 합니다. 공항에서 일하는 이들과 교류

하며 현실에 만족하지만, 이따금 새로운 세상을 꿈꾸기도 합니다. 어린이가 그렇듯이 말이지요. 유니온이 품는 조금 어려운 질문은 어쩌면 오늘의 어린이가 조만간 풀어가야 할 문제일 수 있습니다.

동화에서 배경은 인물이 활동하고 사건이 펼쳐지는 특별하고 구체적인 시공간입니다. 때로는 배경 자체가 상징적이며 주제와 연결됩니다. 배경과 주제의 관계를 생각하며 동화를 읽고 말해보세요.

주제가 늘
옳은 것은 아니다

줄거리를 파악하고, 문제적 인물을 이해하고, 인물 관계를 알고, 배경의 의미를 생각해 주제를 찾았다면 이제는 자기 생각을 정리할 차례입니다. 주제는 책의 메시지이지 절대적인 진리가 아닙니다. 독자는 언제나 비판적으로 읽을 수 있습니다. 당연히 어린이도 그렇게 할 수 있고, 그래야 합니다.

그런데 '비판적으로 생각하자'고 하면 대상의 문제점을 찾아내는 것으로 받아들이는 어린이들이 있습니다. 등장인물이 잘못한 점을 찾거나 독특한 생각을 내놓으려고 애쓰는 식입니다. 그러다 보면 비판이 아니라 비난이 되기 쉽고, 무엇보다 자기 생각을 정리하기 어려워집니다.

　책을 비판적으로 읽는다는 것은 잘못을 지적하는 게 아니라 '자기 생각'을 가지고 읽는 것, 또는 책에서 만난 작가의 생각에 비추어 자기 생각을 정리하는 것을 뜻합니다. 기발한 생각이 아니어도 됩니다.

오늘의 눈으로 다시 보기

　셰익스피어 원작인 「베니스의 상인」(『베니스의 상인』 수록, 찰스 램·메리 램 엮음, 아서 래컴 그림, 창비)은 '살 한 근을 베어 가되 한 방울의 피도 흘려서는 안 된다'는 재치 있는 판결로 유명한 작품이지요. 고리대금업자 샤일록이 안토니오에게 돈을 빌려줄 때 담보로 그의 살(목숨)을 요구한 데 대한 판결입니다.

　판사는 이 판결로 안토니오를 구합니다. 나아가 샤일록의 나쁜 의도에 책임을 물어 재산을 빼앗아 절반을 그가 미워하던 사위에게 주도록 합니다. 악당이 처벌을 받는 통쾌한 면이 있지만 어린이들은 각자 의견이 달랐습니다.

　"샤일록이 못된 것은 맞지만, 그래도 계약서를 썼을 때는 서로 합의를 한 건데 판사가 그걸 무시한 건 잘못됐어요."

　"샤일록이 유대인이라고 해서 너무 차별받았어요. 말끝마다 '유대인, 유대인' 하는 것도 이상해요."

"살을 베어 가는 건 나쁘니까 그러면 안 되죠. 그러면 다시 돈으로 받으라고 하고 벌금 물리고 하면 되지, 재산까지 빼앗는 건 말도 안 돼요."

"빌려준 돈은 돌려받고 살인미수 혐의에 대해서만 벌을 받았으면 좋겠어요."

대문호 셰익스피어도 독자들의 반발은 막을 수 없지요. 어린이들은 각자 판결문을 다시 작성했습니다. 다빈이는 "재산을 몰수하지 않는 만큼 징역형을 살도록 하되, 애초에 죄가 무거우니 감형은 절대 없다"고, 동건이는 "딸은 자기 결혼을 알아서 결정할 수 있으니, 결혼은 인정해 주고 재산을 사위가 아닌 딸에게 주도록 한다"고 썼습니다.

그렇다고 해서 어린이들에게 셰익스피어 작품의 가치가 깎아내려진 것은 아닙니다. 변장, 재치, 반전, 사랑, 의리 등 누구나 좋아할 만한 이야기의 요소는 어린이들에게도 즐거움을 줍니다. 희극과 비극이 각각 독자에게 불러일으키는 강렬한 감상도 여전합니다. 다만 어린이들은 셰익스피어가 생각했고 당시 사람들이 받아들였던 '정의'를 오늘에 맞게 고쳐 쓴 것입니다.

이른바 '고전 명작'이라고 해서 고정된 틀로 읽을 필요는 없습니다. 오늘날의 눈으로 비판적으로 읽는다고 해서 그 가치가 훼손되는 것도 아니지요. 혹시 그렇게 읽었을 때 의미를 찾기 어려운 작품이라면 더는 고전 명작이라고 부를 필요가 없는 낡은 이야기라고 볼 수 있습니다.

주제에 의견을 덧붙이기

『오이대왕』을 읽었을 때 누군가 이 가족은 서로에게 비밀이 많다는 점을 지적했습니다. 어머니는 식구들 몰래 물건을 사고, 볼프강은 유급 위기에 처했고, 누나는 일기장에 아버지에 대한 불만을 가득 씁니다. 좋은 가족이 되려면 서로 솔직해야 한다는 의미라는 쪽으로 이야기가 모아지는 중에 성찬이가 의견을 냈습니다.

"그런데 가족 사이에 비밀이 없을 수가 있어요?"

이 말을 시작으로 가족과 비밀에 대한 의견들이 쏟아졌습니다.

"볼프강네 식구가 다섯이나 되는데 서로 비밀이 없을 수가 없어요."

"세상에 비밀이 없는 사람은 없어요. 다 말하면 그것도 피곤한데."

"나는 비밀이 없어. 비밀이 있어도 엄마 아빠한테 '비밀이 있다'는 건 말한다고."

"무조건 비밀이 없는 것보다 비밀을 서로 존중해 주는 게 더 좋은 것 같아요."

"그런데 누가 괴롭힌다거나 하는 위험한 비밀은 없는 게 좋지."

"가족끼리 속이는 것도 안 되고."

『오이대왕』이 진정한 가족이란 부당한 권위를 내세우지 않고 서로 소통하는 것이라는 메시지를 담고 있다면, 어린이들은 여기에 '서로 솔직해지자' '각자의 영역을 존중하자'는 의견을 덧붙인 것입니다. 인물에 공감하고 메시지에 동의하면서도 이야기는 더 풍성해질 수 있습니다. 나무가 여러 방향으로 가지를 뻗는 것과 같지요.

다른 생각을 지지해 주기

『오월의 달리기』(김해원 글, 홍정선 그림, 푸른숲주니어)는 5.18 민주화 운동을 어린이 시선에서 그려낸 작품입니다. 달리기 선수가 꿈인 명수는 전국소년체전을 앞두고 나주를 떠나 광주에서 합숙훈련을 하던 중이었습니다. 새 친구들과 티격태격 우정을 쌓고 선의의 경쟁으로 서로를 격려하던 어느 날, 명수와 아이들은 공권력의 무자비한 폭력을, 시민들의 용감한 저항을 목격합니다. 그리고 명수는 시내에서 시계방을 하던 아버지를 잃습니다.

광주를 드나드는 길은 모두 통제되고 방송과 전화마저 끊긴 상태에서 명수는 나주의 가족들에게 아버지의 죽음을 알리기 위해 광주를 빠져나가기로 합니다. 위험을 무릅쓴 명수의 달리기에 친구들이 함께하지요. 이 작품에서 명수의 '달리기'는 저항과 희망을 뜻합니다. 명수는 아직 어리지만 가족을 걱정하는 마음으로, 아버지를 기리는 마음으로 목숨을 건 탈출을 시도하는 것입니다.

이 작품을 읽은 어린이들은 "5.18 민주화운동의 뜻을 되새겼다" "새롭게 알게 되었다" "슬프다" "감동적이다" 하고 각자의 감상을 전하며 "더 많은 사람들이 이 책을 읽었으면 좋겠다"고 입을 모았습니다. 명수의 용기가 대단하다는 이야기 중에 세진이는 다른 의견을 냈습니다.

"제 생각은 달라요. 저는 명수가 꼭 그때 광주에서 나갔어야 되는지 잘 모르겠어요."

'모르겠다'는 말에 저는 가족들이 걱정할까 봐, 또 군인들이 시키는 대로 하지 않겠다는 뜻도 담아서 명수가 그렇게 한 것이라고 설명했습니다.

"그건 알겠는데요, 혹시 가다가 명수가 잘못될 수도 있잖아요. 명수네는 아버지도 돌아가셨는데, 명수까지 다치거나 죽으면 가족들은 더 괴로울 거예요. 그럴 때일수록 코치님이나 미스터 박 아저씨 말을 듣고 답답해도 참고 기다렸어야 돼요. 너무 슬프겠지만. 꼭 목숨을 거는 것만 용감한 건 아니에요."

일리 있는 말입니다. 세진이는 명수라는 인물에게 공감하면서도 상황을 자기 방식으로 판단해 본 것입니다.

독서교실 수업에서 "제 생각은 달라요"라는 말은 늘 반갑습니다. 그 '다른 생각'을 해보기 위해 책을 읽는 것이니까요. 어린이가 다른 생각을 가지고 있다면 일단 환영할 일입니다. 그런 다음에는 내용을 잘 이해한 것인지 확인하고, 다른 생각의 근거를 말해보게 합니다. 저는 대체로 지지하며 "좋은 이야기를 해줘서 고마워. 나도 더 생각해 볼게" 하고 결론을 열어두는 편입니다.

물론 어린이의 근거가 미약하고 어른의 입장에서 마땅치 않을 때도 있습니다. 하지만 이 순간에는 어린이가 독립적인 생각을 했다는 점이 더 중요합니다. 경우에 따라 어린이와 토론하거나 생각이 바뀌도록 유도할 수도 있지만, 이때도 작가의 편을 들기보다 중재하는 자리에 서려고 노력합니다. 어린이는 지금 제가 아니라 작가와 토론을 하고 있는 셈이니까요.

심사위원이 되어보기

나아가 작품을 평가할 수도 있습니다. 국내외 가릴 것 없이 문학상을 받은 작품들은 표지에 스티커나 광고 문구로 홍보를 하지요.

사실 어린이들은 그 상이 무엇인지, 어떤 의미가 있는지는 잘 모르는 채로 좋은 책이려니 하고 읽을 때가 많습니다. 번쩍이는 스티커나 굵은 글자들은 '1등' '모범' '뛰어남' 같은 느낌을 주기 때문입니다.

경우에 따라 세부 내용은 다르겠지만, 대부분 문학상은 예심과 본심 등을 거쳐 심사위원들의 회의를 통해 수상작이 결정됩니다. 만장일치로 수상이 결정될 때가 있는가 하면, 심사위원들 사이에 의견이 나뉘어 토론이 진행될 때도 있습니다. 달리 말하면 문학상 수상작이라고 해도 누군가는 상을 주는 데 반대했을 수도 있다는 뜻입니다.

'만일 내가 심사위원이라면 이 작품에 상을 주고 싶었을까, 아니면 반대했을까? 근거를 어떻게 대면 좋을까?' 심사평을 말해보면 작품을 평가하는 입장이 되어볼 수 있습니다. 이럴 때는 어린이들도 단순히 자기 마음에 드는지 여부보다 작품의 주제며 전개 방식, 주인공의 말과 행동을 근거로 들어 말하려고 노력합니다.

3학년 혜지는 일본 니이미 난키치 아동문학상을 받은 『최악의 짝꿍』(하나가타 미쓰루 글, 정문주 그림, 주니어김영사)에서 따돌림 당하는 소메야를 이용하려 한 가오루의 행동이 이해가 되지 않지만, "두 사람 이야기가 왔다갔다(두 주인공이 장마다 번갈아 화자가 됩니다) 하는 점이 재미있고, 친구를 따돌리는 문제에 대해 잘 생각해 보게 하는 점이 좋아서" 상을 주겠다고 했습니다.

아람이는 국내 주요 출판사의 문학상 수상작 네 편을 읽고 저에게 각각의 심사평을 들려준 적이 있습니다. 아람이에게는 말하지 않았지만 전체적으로 제 의견과 비슷한 점이 재미있었습니다.

제가 뒷부분이 허술하다고 생각한 작품에 대해 아람이는 "이 책은 2권이 나와야 끝날 것 같아요"라고 했습니다. 제가 문제 해결 과정이 너무 싱겁다고 생각한 동화를 두고는 "제가 읽기엔 좀 유치한데, 이런 걸 좋아하는 애들도 있을 거예요"라고 했고요. 이야기는 자연스럽지 않지만 주인공이 긍정적이어서 좋다고 생각한 작품에는 "주인공이 큰 꿈을 가지게 되는 결말이 좋아요"라고 심사평을 밝혔습니다.

그러면서 『쿵푸 아니고 똥푸』(차영아 글, 한지선 그림, 문학동네)를 두고는 이렇게 말했습니다.

"이 책에는 아쉬운 점이 없어요. 이 책은 얘기가 세 편이니까(단편 동화집입니다) 하나씩 말해볼게요. 「라면 한 줄」은 생쥐 '라면 한 줄'이 실수로 나서게 됐는데도 용감하게 할 일을 해냈어요. 고양이를 살린 점이 좋고, 또 '사랑이 이긴다'라는 뜻이 좋아요. 이 얘기가 제일 좋았어요. 「오, 미지의 택배」는 봉자(개)가 죽은 거여서 너무 슬펐어요. 그런데 봉자가 보내준 운동화를 신고 미지가 하늘나라로 달려가서 잠깐 만났잖아요. 그게 참 잘되었어요. 그리고 끝에 지렁이, 벗

꽃한테도 인사를 하는 게 좋았어요. 「쿵푸 아니고 똥푸」는 탄이가 실수를 했는데 똥푸가 용기를 북돋우고 친구가 되어준 게 좋아요.”

이 책의 뒤에는 김지은 아동문학평론가의 심사평이 실려 있습니다. 언어는 다르지만, 아람이가 짚은 각 작품의 특징은 아주 비슷합니다. 덧붙여 저는 아람이가 '북돋우다'라는 표현을 써서 내심 놀랐습니다. 이 말을 알고 있는 것도 놀라웠지만 맥락을 보니 뜻도 정확히 알고 사용하고 있었으니까요. 그대로 받아 적으면 심사평이 되는 좋은 비평이라고 생각했습니다.

다양한 방식으로 작품의 좋은 점과 아쉬운 점을 말해보세요. '재미' '교훈' '감동' 등 여러 키워드를 두고 점수를 매겨볼 수도 있습니다. 책에 따라 스스로 키워드를 만들 수도 있지요. 유호는 책마다 네 가지 항목을 설정해 점수를 매깁니다. 항목은 그때그때 조금씩 달라집니다.

예를 들어 『플루토 비밀 결사대』(한정기 글, 유기훈 그림, 비룡소)를 읽고는 '스릴'이라는 항목을 특별히 만들어 10점 만점에 10점을 주었습니다. 『속담 그림책』(고미 타로 글·그림, 한림출판사)에는 '추천' '지식' '재미' '창의성' 네 항목 각각에 10점을 주기도 했고요. 이렇게 항목을 여럿 두면 책을 여러 관점에서 평가할 수 있다는 사실을 알게 됩니다. 스스로 그 책에 어울리는 평가 항목을 떠올리는 것이 바로 비판적 읽기임은 말할 것도 없지요.

07

생각과 감정이 드러나는
독후감상문

보통 어른들은 소설을 읽었다고 해서 마음에 드는 장면을 그림으로 그리거나, 낱말의 뜻을 맞히거나, 게임을 하는 등의 '활동'으로 독서를 정리하지 않습니다. 적극적인 독자라 해도 간단히 메모를 하거나 글을 쓰는 정도이지요. 다른 독자들을 만나 이야기를 나누고 작가의 강연회에 찾아갈지언정 독후 활동을 하는 경우는 없습니다.

저는 어린이가 동화를 읽었을 때도 마찬가지여야 한다고 생각합니다. 어설픈 활동은 감상을 방해하고, 독서를 번거로운 것 또는 무언가를 하기 '전'에 하는 것으로 느끼게 합니다.

아주 재미있는 활동이라고 해도 문제입니다. 책이 아니라 활동이

기억에 남는다면 굳이 책을 읽어야 할까요?

동화를 읽은 뒤 할 수 있는 가장 적절한 활동은 바로 글을 쓰는 것입니다. 독서록에 남기는 소감 말고, 짧더라도 완결된 '독후감상문'을 써보는 것이 생각을 정리하는 데는 훨씬 도움이 됩니다. 읽은 책마다 독후감상문을 쓰기는 어렵고, 또 필요하지도 않습니다. 감명 깊게 읽은 책, 깊이 생각해 볼 만한 책에 대해 쓰면 됩니다. 공들여 쓴 글은 나중에 읽어도 의미가 바래지 않습니다.

줄거리를 쓸까 말까

독후감상문은 말 그대로 감상을 기록하는 글이므로 줄거리는 필요하지 않다는, 나아가 글을 읽는 사람이 그 책을 읽어서 내용을 알고 있다는 전제하에 써야 알찬 글이 된다는 의견도 있습니다. 줄거리는 책의 내용을 소개하는 것이므로 글쓴이의 개성, 생각, 느낌을 드러낼 수 없다는 뜻에서 감상문에는 불필요하다는 의미겠지요.

그런데 저는 독후감상문을 한 편의 독립된 글이라고 보기 때문에 완결성을 위해 줄거리를 쓰는 것이 좋다고 생각합니다. 숙제로 검사받는 글이라면 글을 읽는 사람이 책의 내용을 안다고 가정할 수도 있습니다. 하지만 그 글은 독립된 글이라기보다 책을 읽었다는 보고서에 가까울 것입니다. 독립된 글이라면 글쓴이가 자기 글을 읽을 사람한테 감상을 말하기 전에 무엇을 읽었는지 알려주는 것이 맞습니다. 그래야 읽는 사람도 글쓴이의 생각과 느낌에 공감할 수 있기 때문입니다.

요령 없이 줄줄 쓰는 것이 문제이지, 줄거리 자체는 감상문의 한 요소입니다. 줄거리는 글쓴이가 내용과 중심 사건을 잘 파악했는지 증명해 보이기도 합니다. 어떻게 요약하느냐에 따라 글쓴이의 개성도 드러납니다. 전체 글의 분량을 어림해서 너무 많은 부분을 차지하지 않도록 조절하면 됩니다. 처음부터 줄거리를 몇 문장으로 쓸지 미리 정하는 것도 하나의 방법이겠지요.

글의 형식을 알면 글쓰기가 쉬워진다

앞서 자세히 살펴본 것처럼 줄거리와 주제를 말로 표현할 수 있다면 어느 정도 쓸 거리가 나온 셈입니다. 그렇다고 해서 말한 것이 곧장 글이 되지는 않습니다. 막상 쓰려고 하면 어떻게 시작해야 될지 막막할 때가 많습니다. 그럴 때는 형식의 도움을 받을 수 있습니다.

어린이에게 글쓰기 형식을 가르치는 것은 공식대로 쓰게 하려는 게 아니라 글을 구성하는 방법을 배우게 하려는 것입니다. 일정한 형식은 글쓰기를 안내하고, 쓰는 이에게나 읽는 이에게나 안정감을 줍니다. 주어진 틀에서도 창의적으로 쓸 수 있습니다. 글쓰기에 익숙해지면 스스로 형식을 만들어 쓸 수도 있습니다.

① 질문에 답하는 독후감상문

좋은 독후감상문은 책을 읽고 글을 쓰면서 자신의 생각이 발전하거나 정리되었음을 보여주는 글입니다. 그 방법 중 하나가 주제와 연관된 질문을 떠올리고, 거기에 답하는 형식으로 쓰는 것입니다. 이때의 질문은 글의 요지를 세우기 위한 것이지, 글쓴이가 정말 '알고 싶은' 내용이 아닙니다.

만일 자신이 떠올린 것이 정말 중요한 질문 같은데 글 안에서 스스로 답을 낼 수 없다면 어떻게 해야 할까요? 주제로 삼기보다 결론에서 '더 생각해 보고 싶은 것'으로 덧붙이는 편이 좋습니다.

스스로 질문을 만드는 것이 가장 좋지만, 어린이에게 연습이 필요하다면 몇 가지 예를 주고 거기서 골라서 쓰게 해도 됩니다. 단, '골라서' 쓰는 것이 중요합니다. 어린이에게 주어진 질문이 한 가지라면 그것이 작품 해석의 유일한 길로 여겨질 수 있기 때문입니다.

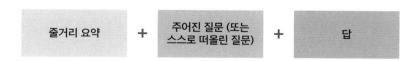

줄거리 요약 + 주어진 질문 (또는 스스로 떠올린 질문) + 답

이것을 기본 형식으로 삼아 글을 쓰면서 책에 대한 소감을 덧붙이면 한 편의 독후감상문이 완성됩니다.

『별을 헤아리며』를 읽고 떠올릴 수 있는 질문

- 진정한 용기란 무엇일까? (안네마리의 생각과 나의 생각 비교하기)
- 유대인 학살에 대한 이야기인데 작가는 왜 덴마크 사람 입장에서 썼을까?
- 페테르가 목숨을 바쳐가며 레지스탕스 활동을 한 이유는 무엇일까?
- 안네마리의 엄마는 안네마리가 밤에 혼자 길을 나설 때 어떤 마음이었을까?
- 피난 생활을 하느라 부모님과 떨어져 있을 때, 엘렌은 어떤 생각을 했을까?

② 평가하는 독후감상문

심사평 말하기에서 살펴본 것처럼 작품을 평가하는 자리에서 글을 쓰면 객관적이면서도 관점이 드러나는 글을 쓸 수 있습니다. 어린이가 줄거리 쓰기를 어려워한다면 한두 인물이나 중요하다고 생각하는 장면, 인상 깊은 표현 등을 소개하고 평가를 붙여 독후감상문을 쓸 수 있겠지요.

이때 평가에는 반드시 이유가 있어야 합니다. 평가 자체보다 그렇게 평가한 '이유'에 글쓴이의 생각이 드러나기 때문입니다.

소개와 평가 (인물, 장면, 표현 등)	+	이유

<제비-『흥보전』을 읽고> (6학년 박성찬)

내가 읽은 책은 『흥보전』이다. 흥부는 박을 타서 돈을 얻고, 놀부는 쫄딱 망하는 이야기이다.

물론 흥부는 매우 착하고 성심이 고와 사람들을 도와주는 모습이 좋았지만, 자기 처지는 생각하지 않는 걸 보니 속이 터질 뻔했다. 나중에는 박을 타 금은보화와 온갖 약을 얻었지만, 그래도 그 전 행동은 생각 없는 것 같다.

그리고 놀부. 돈이 많으면 뭐하나, 사람들을 괴롭히고 나쁜 짓만 하는데 골칫덩어리지. 하지만 박 때문에 모든 재산을 빼앗기고, 맞고, 죽을 고비까지 넘겼다. 아주 쌤통이지만 약간 불쌍하기도 했다.

제비들은 사실 이 문제의 시작이자 끝이다. 흥부에게 은혜 갚으려고 박씨 가져다 부자 만들어주고 놀부는 자기 다리를 부러뜨렸다고 죽을 지경으로 만들다니. 사실 제비가 나쁜 놈을 벌주고 착한 사람은 상을 주어 좋지만 내 생각에는 인간사에 너무 관여하는 것 같다.

그래서 내가 생각하기에 이 책은 착한 사람 상, 나쁜 사람 벌이 확실히 나뉘어 있지만 나에겐 너무 극단적인 것 같아서 별로 마음에 들지 않았다.

③ 등장인물의 입장에서 편지 쓰기

어린이 독후감상문의 단골 형식 중에는 '주인공에게 편지 쓰기'가 있습니다. 편지는 읽을 사람, 즉 독자가 분명하고 말을 하듯이 쓸 수 있어서 어린이에게 비교적 부담이 적지요.

그런데 주인공이 실제로 편지를 받는 것도 아니고, 편지를 주고받는 사람들 사이에 교감이 있을 리도 없으니 결국은 형식적인 글이 되기 쉽습니다. 주인공에 대해 생각한 것보다는 궁금한 것을 늘어놓거나, 자기와 비교해 주인공의 뛰어난 점이나 부족한 점을 쓰는 식으로 말입니다.

편지 쓰기 형식을 빌린다면 주인공보다는 어린이가 실제로 알고 있는 누군가에게 쓰도록 해보세요. 이 책을 추천하고 싶은 친구, 가족 등에게 책을 소개하고 추천하는 이유, 읽고 나서 같이 얘기해 보고 싶은 것 등을 적으면 훨씬 구체적인 글이 됩니다.

이야기 속의 한 인물을 골라 그의 입장에서 역시 이야기 속의 다른 인물에게 편지를 쓰게 하는 것도 좋습니다. 『오이대왕』의 독후감상문으로 볼프강 아버지가 볼프강에게 쓰는 편지를 적어보면 어떨까요? 그간의 일에 대한 변명과 사과, 앞으로의 다짐 등이 적힐 것입니다. 만일 아버지가 변할 리 없다고 생각하는 어린이라면 여전히 고압적인 자세로 글을 쓰겠지요. 형식은 같아도 어린이에 따라 개성이 드러나는 글이 완성될 것입니다.

더 읽어볼 동화책과 추천 활동

- 『오지랖 도깨비 오지랑 1~6』 김혜정 글, 신민재 그림, 다산어린이, 2022

  책 읽기에 영 재미를 붙이지 못하는 어린이라면 가벼운 책으로 시작해 보세요. 인물이 고정되어 있는 '시리즈' 동화는 읽기가 훨씬 쉽지요. 여러 시리즈를 읽고 나면 묵직한 한 권을 읽을 자신이 생길 겁니다.

- 『가느다란 마법사와 아주 착한 타파하』 김혜진 글, 모차 그림, 사계절, 2023

  하고많은 마법 중 '가느다란' 마법만 쓸 수 있는 주인공이 바로 그 능력으로 큰 사건을 해결하는 이야기입니다. 줄거리를 정리하면서 절정 부분을 찾아보세요.

- 『잘 헤어졌어』 김양미 글, 김효은 그림, 문학과지성사, 2023

  장편동화의 줄거리 쓰기가 어렵다면 단편동화로 연습할 수 있어요. 어린이의 생활 속 작은 순간들에서 감정을 포착한 동화집입니다. 차례를 보고 관심이 가는 작품부터 읽어도 됩니다. 여러 인물의 마음을 헤아려 보는 것도 좋겠지요.

- 『너와 나의 퍼즐』 김규아 글·그림, 창비, 2024

  만화로 된 이야기책인 '그래픽 노블'입니다. 2038년을 배경으로 하고 있어요. 한쪽 팔이 로봇인 은오는 '로봇 팔은 인간의 기술이 아니다'라고 문제를 제기하는 전학생 지빈이 등장하면서 고민과 갈등이 시작되지요. 배경, 인물, 사건을 모두 정리해 볼 수 있는 작품입니다. 미래 사회를 주제로 대화하는 것도 좋습니다.

5장

'아는 느낌'에서
'아는 것'으로
지식책 말하기

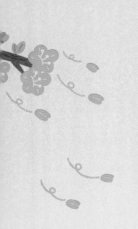

01

모른다는
사실을 알기

교육에서 독서의 중요성이 강조되지 않은 때는 없지만, 시대의 흐름에 따라 이야기되는 지점은 달라져 왔습니다. 교육의 기회가 귀하고 학습 경로도 다양하지 않던 시절에는 '마음의 양식' 혹은 '교양'을 쌓기 위해 책을 읽어야 한다고 했지요. 대학 입시 경쟁이 치열해지면서는 논술 시험에 대비해 '배경지식'을 얻으려면 독서가 필수라고 강조했습니다.

대학수학능력시험 대비도 마찬가지입니다. 읽기 능력을 기르는 데 책만한 것이 없다고 합니다. 중고등학교 중에는 독서 감상문 몇십 편을 입학 준비물로 안내하는 곳도 있습니다. 입학생의 수준을 보겠다는 것이지요. 어린이들이 책을 읽어야 할 이유를 말할 때는 결국 이 모든 주장이 동원됩니다.

독서가 마음과 생각을 살찌운다는 것은 변치 않는 사실입니다. 책만큼 자기 마음을 들여다보게 하고, 자기 힘으로 생각하게 만드는 것은 없습니다. 특히 자극이 넘쳐나는 시대에 온전히 자기에게 집중하는 시간은 거의 없다시피 하지요. 독서는 그 귀한 시간을 만들어냅니다.

읽기 능력이 성적과 연결되는 것도 사실입니다. 독서교실의 한 어린이는 학습지를 하거나 학원에 다니지 않는데도 4~5학년 내내 거의 전 과목 100점을 받고 있습니다. 비결을 물으니 "교과서를 읽고, 전과에 있는 문제를 풀고, 그러고 나서 시험 보면 돼요"라는 다소 싱거운 답을 내놓았습니다. 이 어린이는 책을 좋아하고 수준 높은 책도 곧잘 읽습니다. 읽기에 능숙하고 어려운 글도 두려워하지 않다 보니 과목과 상관없이 교과서도 쉽게 이해하는 것입니다. 그러니 연습 문제를 풀어보는 것으로 시험 대비가 끝나지요.

이것은 중고등학생이 되어도 마찬가지입니다. '읽기'를 잘하면 국어뿐 아니라 여러 과목 공부에 도움이 됩니다. 특히 대학수학능력시험은 '얼마나 많이 아는가'보다 '이것을 이해할 수 있는가, 이 문제를 해결할 수 있는가'를 묻는 시험이지요. 낯선 지문과 문제의 의도를 이해할 수 있어야 좋은 점수를 얻습니다. 바꾸어 말하면 제대로 읽을 수 있으면 풀 수도 있다는 뜻입니다.

국어 영역은 물론이고, '영어로 된 국어 시험'이라 불리는 영어 영역, 다양한 자료를 판독해야 하는 탐구 영역에도 읽기 능력은 영향을 끼칩니다. 심지어 수학 영역도 지문을 이해하지 못하면 계산을 시작할 수 없습니다. 많은 입시 전문가들이 국어 영역 점수가 수능 성적의 척도라고 말하는 이유입니다. 한편으로는 그만큼 대학이, 또 사회가 요구하는 인재가 '읽을 줄 아는 사람'이라는 점을 확인할 수 있지요.

오늘의 어린이에게 가장 필요한 능력

그렇다면 독서로 배경지식을 얻는다는 주장은 어떨까요? 저는 이제 이 말이 절반만 맞는 시대가 되었다고 생각합니다. 우리가 지식을 접하는 길은 책 말고도 많습니다. '검색'은 지식을 둘러싼 풍경을 완전히 바꾸어 놓았습니다.

인터넷은 생활 정보부터 문학 작품 요약과 해석까지, 사용자가 궁금해하는 거의 모든 것을 알려줍니다. TV의 채널은 날로 늘어나고 거기서 전송되는 정보도 넘쳐납니다. 스마트폰을 통해 손안으로 들어오는 사진과 동영상은 정보를 간편하게 전달합니다. 오늘날의 지식과 정보는 여기저기에 있고, 언제든지 찾아볼 수 있습니다. 그래서 우리는 그 모든 것이 자신의 것이라는 착각에 빠지기 쉽습니다.

여기서 문제는 정보가 '너무' 많다는 것입니다. 무엇을 믿어야 할지 알기 어렵습니다. 윤리적으로 옳지 않은 주장이 지식으로 포장되어 돌아다니기도 합니다. 또 정확히 알고 싶은 것에 도달하기까지 불필요한 정보를 헤쳐나가야 합니다. 그 사이 주의가 흐트러져서 애초에 찾고 싶었던 것이 무엇인지 잊고 길을 잃기도 합니다. 각종 매체는 우리가 궁금해하지 않는 것까지 가르쳐줍니다. 호기심을 유발할지는 몰라도 여기에서 지적 자극을 얻기는 어렵지요. 깊이 생각하기가 점점 어려워지는 것입니다.

인지심리학자이자 신경과학자인 대니얼 J. 레비틴은 『정리하는 뇌』(와이즈베리)에서 "정보에 대한 즉각적인 접근은 우리가 그 해결 방법을 훈련받지 못한 새로운 문제점을 만들어냈다"고 지적합니다. 또한 아이들에게 "여기저기 펼쳐져 있는 수많은 정보를 평가하는 법, 어느 것이 진실이 아닌지 구별하는 법, 편견과 반쪽 진실을 확인하는 법, 그리고 비판적이고 독립적으로 생각하는 사람이 되는 법"을 가르쳐야 한다고 주장합니다.

그런데 그런 것을 어떻게 가르칠 수 있을까요? 책을 읽어야 합니다. 책이 바로 그렇게 쓰이고 만들어지기 때문입니다.

작가는 아는 것을 가지고 대충 책을 쓰지 않습니다. 최대한 정보를 모은 다음 가치 있고 믿을 수 있는 것을 가려냅니다. 아무리 어렵게 얻은 정보라도 필요 없으면 버리고, 일반적인 정보는 자신만의 관점에서 새롭게 해석합니다. 편집자는 내용의 오류를 바로잡고, 작가의 기획이 전달될 최선의 방법을 고민해 책을 만듭니다. 그런 식으로 책에는 양질의 정보가 담깁니다.

또 좋은 지식책은 작가가 질문을 떠올리고 자료를 수집하는 과정, 가설을 세우고 증명하는 과정, 단편적인 정보들을 체계화하여 의미 있는 지식으로 만드는 과정을 담고 있습니다. 과학책을 읽으면 과학자처럼 생각하고 전달하는 방법을, 역사책을 읽으면 역사학자처럼 생각하고 전달하는 방법을 배울 수 있습니다. 즉각적인 검색과는 다른, 연구의 가치와 보람도 배울 수 있지요. 어린이는 전문가의 존재와 지식의 가치를 알 때 지적으로 성장할 수 있습니다.

그러므로 책으로 배경지식을 얻는다는 말은 절반만 맞습니다. 책만이 배경지식을 주는 것은 아니지만 책이 가장 좋은 지식을 줍니다. 거기에 더해 오늘의 어린이에게 가장 절실한 능력, 즉 생각하는 능력을 키울 수 있습니다. 사실 저는 배경지식보다 이점이 더 소중하다고 생각합니다. 하지만 엉성한 이야기를 빌려 정보를 나열하는 책은 어린이가 지식을 외면하게 합니다. 일정한 기획에 기대어 소재만 바꾸어가며 독자를 부르는 학습만화는 책을 읽는 느낌을 줄

뿐 깊은 독서로 이끌지는 못합니다.

　이 장에서는 지식책을 읽고, 배우고, 생각한 것을 말하면서 정리하는 방법을 소개하려 합니다. 새로 알게 된 것이나 생각한 것을 말로 해보면 실제로 어린이가 가진 지식의 모습이 드러납니다. 읽기만 했을 때는 아는 것 같고 생각이 달라진 것 같은데 막상 말로 해보면 그렇지 않을 때가 많지요.

　'아는 것'과 '아는 것 같은 느낌'은 전혀 다릅니다. 무엇을 알고 무엇을 모르는지 아는 것이 배움의 출발점입니다. 이것이 더 깊은 지적 탐구를 가능하게 하는 '메타(meta) 인지 능력'입니다.

교과 연계보다는
관심 연계

어린이 지식책은 학습과 연관해 이야기될 때가 많습니다. 이른바 '교과 연계 도서'라는 말은 학교에서 배우는 내용, 즉 교과서를 이해하는 데 도움이 된다고 홍보하는 말입니다. 학교 수업에서 우주에 대해 배운다면 우주에 관한 책을 읽으라고 권하는 식이지요.

수업을 계기로 어느 정도 관심이 생겼을 때 책을 통해 더 많은 지식을 얻는다면 좋겠다는 취지일 것입니다. 또 요즘은 어린이라고 해서 시간이 넉넉한 게 아니니, 기왕이면 학교 공부에 도움이 되는 책을 읽기를 바라는 마음에서 교과 연계 도서를 어린이에게 권하기도 합니다.

그런데 이런 관점에서만 골라 읽게 되면 지식책은 학습 부교재에 그칠 수밖에 없습니다. 또 학교 진도와 명확히 연결되지 않는 주제를 다루거나 새로운 관점을 가진 책들을 읽을 기회가 사라지지요. 사실 학습에 도움이 되기로 따지면 애초에 교재로서 개발된 참고서가 훨씬 효율적입니다. 어린이로서는 굳이 '책'을 읽을 필요를 느낄 수 없습니다.

어린이와 읽을 지식책을 고를 때는 '교과 연계'보다 '관심 연계'를 우선으로 생각해 주세요. 어린이가 관심 있는 분야에서 출발하는 게 좋습니다. 그런데 어린이는 아직 자신이 무엇을 좋아하는지 잘 모를 때도 있습니다. 그럴 때는 어른이 다양한 분야를 안내해 주세요.

독서교실에서는 되도록 시의성 있는 주제를 우선 소개합니다. 24절기 중 하루라든가, 국경일이나 명절에 가깝다면 그와 관련된 책을 봅니다. 『한눈에 펼쳐보는 24절기 그림책』(지호진 글, 이혁 그림, 진선아이)이나 『하루 10분 초등 신문』(오현선 글, 서사원주니어) 『똑똑한 초등 신문』(신효원 글, 책장속북스)처럼 찾아보기 쉽고 설명이 간단한 책에서 필요한 부분만 골라 읽기도 합니다. 더 자세한 책을 읽으면 당연히 더 좋지요. 그러나 필요한 지식을 책에서 찾는 경험만도 소중합니다.

2024년 한강 작가의 노벨문학상 수상 소식에 온 나라가 기뻐할

때였습니다. 어린이들은 알프레드 노벨에 대해서 어느 정도 알고 있었습니다. 그런데 스웨덴이 어디에 있는지는 잘 몰랐습니다. 그래서 지도책에서 스웨덴을 찾아보았습니다. 지역의 위치 등은 인터넷으로 찾아볼 수도 있지만 저는 지도책이 훨씬 찾기도 쉬워서 늘 그렇게 합니다.

그 참에 북유럽의 다른 나라도 보고, 우리나라와의 거리도 가늠해 보았습니다. 우리나라 현대사의 가장 아픈 순간을 진실되고 아름다운 작품으로 승화시킨 한강 작가의 책들이 이 넓은 세계에 알려질 것이라는 사실이 새삼 벅차게 다가오는 순간이었습니다.

어린이의 관심은 교과서 바깥에 더 많이 있습니다. 어린이가 살아가는 세상도 교과서 바깥입니다. 보고 듣고 경험하면서 만나는 관심거리들을 책과 연결하고, 거꾸로 책을 통해 세상을 만나게 해 주세요. 그러려면 함께 책을 고르고 읽는 어른부터 시야를 넓게 가져야 합니다.

작가 소개와 차례를
반드시 확인한다

독서교실에서는 지식책을 읽기 전에 꼭 두 가지를 살피도록 가르칩니다. 이런 식이지요.

"지금 우리가 살펴볼 책은 이야기책일까, 지식책일까?"

"지식책이요!"

"지식책을 볼 때는 두 군데를 먼저 봐야 하는데, 어디더라?"

"작가 소개랑, 차례요!"

표지를 보면서 제목을 읽는 것은 당연합니다. 그다음 꼭 살펴야 하는 것이 표지 안쪽(책날개)의 작가 소개 부분입니다. 지식책 작가들은 대개 해당 분야의 전문가들입니다. 작가의 이력을 살핌으로써 어린이는 세상의 다양한 학문 분야를 만나고, 이만한 전문가가 되기 위해 어떤 공부와 일을 해야 하는지 배울 수 있습니다.

『이상희 선생님이 들려주는 인류 이야기』(이상희 글, 이해정 그림, 우리학교)의 작가 소개는 이렇게 시작합니다.

"이상희 선생님은 우리나라는 물론 아제르바이잔과 몽골 같은 세계의 발굴 현장을 직접 누비며 옛날 인류의 화석을 연구하는 고인류학자입니다. 우리나라에 고인류학에 대한 이해가 거의 없을 때 과감하게 해외로 나가 한국인 최초의 고인류학 박사가 되었습니다."

'고인류학'이라는 낯선 학문은 무엇이고 고인류학자는 연구를 어떻게 진행하는지 알 수 있지요. 또 이러한 전문가가 쓴 글임을 확인했으니 신뢰를 가지고 독서를 시작할 수 있다는 장점도 있습니다.

『세계의 빈곤, 게을러서 가난한 게 아니야!』(김현주 글, 권송이 그림, 사계절)에 글을 쓴 작가는 대학에서 정치외교학을 공부하고 대학원에서는 빈곤과 불평등에 대해 공부했다고 소개합니다. "지금은 공부한 것을 바탕으로 전 세계 아동을 돕는 국제구호개발 NGO에서 일합니다"라는 설명도 있습니다. 이런 것을 읽으면 어린이에게 NGO에 대해 설명할 기회가 생깁니다. 또 이 책에 현장에서 활동하는 사람의 경험과 생각이 담겨 있으리라 짐작할 수 있지요.

작가가 연구자나 전문 직업인이 아니어도, 왜 이 책을 썼으며 책을 쓰기 위해 어떤 노력을 기울였는지 살펴보세요. 그간 어떤 책을 써왔고, 무엇을 공부하고 있는지도 확인해 보세요. 이것이 읽어볼 만한 가치가 있는 책일지 판별할 때도 도움이 됩니다.

지식책을 읽기 전에 반드시 살펴야 하는 또 한 가지는 차례 부분입니다. 잘 만들어진 책은 차례만 보고도 책 전체의 내용을 파악할 수 있습니다. 작가가 지식과 정보를 정리한 관점, 그리고 논지를 펼쳐가는 방식도 알 수 있지요. 한마디로 지식을 어떻게 구조화했는지 볼 수 있습니다. 차례는 짜임새 있는 글을 쓰는 데도 하나의 모범이 됩니다.

『세계의 빈곤, 게을러서 가난한 게 아니야!』는 전 지구적 관점에서 경제 불평등 문제를 다루는 책입니다. 빈곤에 대한 선입견을 바로잡는 데서 시작해 빈곤의 역사적인 이유와 현대의 이유를 짚습니다. 그리고 가장 중요한 이슈인 식량 문제를 깊이 다룬 다음, 국제사회가 협력할 부분을 지적하고 우리가 할 일을 제안하면서 끝을 맺습니다. 열두 개의 장 제목만 연결해서 읽어도 이 점을 파악할 수 있습니다. 더 단순하게 보면 '문제 제기 → 원인 알기 → 대안 제시' 순서인데, 독서교실 수업 역시 이 틀에 맞추어 진행합니다. 내용과 형식이 모두 공부의 재료가 된 셈이지요.

『소리로 만나는 우리 몸 이야기』(임숙영 글, 김고은 그림, 미래아이)는 귀의 구조와 소리가 전달되는 원리, 몸에서 나는 소리, 음악, 소음 등을 다룹니다. 설명이 쉽고 재미있는 책인데 내용이 적지 않아서 읽기 전에 어린이가 부담을 느낄 수도 있습니다. 이럴 때는 꼭 전체를 꼼꼼하게 읽지 않아도 됩니다.

독서교실에서는 이 책을 읽기 전에 어린이들과 차례를 살피면서 자세히 읽을 부분을 두 군데 정했습니다. 먼저 1장 '소리 듣는 귀'는 책의 중심 내용이자 기초 지식에 해당되므로 되도록 꼼꼼히 읽기로 했습니다. 그리고 각자 가장 재미있어 보이는 장을 골라서 역시 자세히 읽고 수업 때 이야기를 나누기로 했지요. 나머지 부분은 편안한 마음으로 읽으면 됩니다.

차례는 잘 편집된 예고편과도 같습니다. 어떤 내용이 펼쳐질지 짐작하게 하는 것도 차례의 역할입니다. '재미있을 것 같다' '유익할 것 같다'는 기대감 역시 독서의 한 부분입니다. 반대로 차례 구성이 산만하거나 뻔해 보인다면 책에 담긴 내용도 그럴 가능성이 높습니다. 책을 고를 때 참고해 보세요.

읽고 말하는 경험을 통해
지식이 쌓인다

유아나 저학년 어린이를 대상으로 한 지식책이라면 책 전체를 되도록 한 번에 읽는 것이 좋습니다. 하지만 고학년 어린이를 대상으로 만들어진 지식책은 그렇게 하기가 어렵습니다. 분량도 많고 정보의 밀도도 높기 때문입니다. 이야기책처럼 줄거리가 있는 것도 아니어서 책장을 넘기는 속도가 더뎌집니다. 많은 어린이가 학년이 올라갈수록 지식책과 멀어지는 이유이기도 합니다.

지식책은 꼭 처음부터 끝까지 차례대로 읽지 않아도 됩니다. 차례를 살펴서 재미있을 것 같은 부분이나 필요한 부분을 먼저 볼 수도 있습니다. 읽다가 낯선 개념이 나오면 그때 앞뒤를 뒤적여 관련

정보를 찾으면 됩니다. 책 한 권을 통째로 이해하는 것보다 책을 펼쳐보는 경험을 자주 갖는 것이 더 중요합니다.

어떤 지식책은 사진이나 그림만 봐도 됩니다. 『세계 자연유산 답사: 꼭꼭 숨어 있는 지구의 비밀』(허용선 글·사진, 사계절)에는 사진기자 출신 작가가 촬영한 자연유산 사진들이 거의 모든 페이지에 실려 있습니다. 갈라파고스제도, 태즈메이니아 야생 지대 등 세계 곳곳의 멋진 풍광뿐 아니라 그곳에 살고 있는 멸종 위기 동식물들도 사진의 주인공이지요. 마치 꼼꼼한 취재 기사를 보는 것 같습니다.

이런 책은 사진을 보고 그 아래 간단한 설명을 읽는 것만으로도 가치가 있습니다. 그러면 인터넷으로 이미지를 검색할 때보다 사진을 찬찬히 들여다보게 되고 기억에도 오래 남습니다. 사진을 보다가 더 관심이 가는 항목을 먼저 찾아 읽는 것도 하나의 독서 방법입니다. 웹 페이지에서 이미지를 창을 열고 닫는 대신, 한 권의 책으로 묶여 있는 사진들을 보는 것 자체도 의미 있는 경험이 됩니다.

책에 밑줄을 그어보자

밑줄을 그으면서 읽는 것도 좋습니다. 저는 독서량이 많은 어린이에게는 '요약을 준비하는 자세'로 밑줄을 긋도록 가르칩니다. 그러면 자연스럽게 각 문단 또는 장의 핵심 내용을 찾게 되므로 더 집중해서 읽을 수 있습니다. 나중에 그 책을 다시 펼쳤을 때 중요한 부분만 골라서 재독할 수 있다는 장점도 있습니다.

어린이가 어려워하면 '이건 정말 새롭다' 하고 느낌표를 붙이는 마음으로 밑줄을 긋게 해보세요. 잘 이해가 되지 않는 부분이나 작가와 다르게 생각하는 부분에 밑줄을 그을 수도 있습니다. 다만 항목에 따라 밑줄을 다르게 그어야 의미가 있습니다. 요약한 부분인지, 재미있는 부분인지, 궁금한 부분인지를 한 줄, 두 줄, 물결 등으로 구분해서 표시하는 게 좋습니다.

너무나 당연한 말이지만 밑줄 긋기의 전제는 책이 어린이 자신의 소유라는 것입니다. 도서관 등에서 빌린 책이라면 접착 메모지를 붙여도 됩니다. 다시 보고 싶은 페이지에는 접착 메모지를 옆쪽에, 이해가 안 되었던 페이지에는 위쪽에 붙이는 식으로 규칙을 정할 수 있습니다.

어떤 식이든 적극적으로 이해하겠다는 마음가짐으로 책에 물리적인 흔적을 남기게 해주세요. 지식이 쌓이는 것이 눈에 보이고 수고로운 만큼 보람도 있습니다. 이것 역시 인터넷 검색에서는 얻을 수 없는 감각이지요. 오로지 읽는 사람만이 가지는 특별한 기쁨입니다.

새로 알게 된 것을 말해보자

"알긴 아는데 설명을 못 하겠어요."

무엇을 물었을 때 어린이들이 종종 하는 말입니다. 대부분은 핑계가 아닙니다. 표정을 보아도 답답해하는 것을 알 수 있지요. 때로는 설명을 못하는 것이 마치 적절한 표현을 찾지 못했기 때문 같기도 합니다. 독서교실에서는 그럴 때 "순서에 상관없이 말해보자" "비슷하게라도 말해보자" "나중에 고칠 거니까 일단 말해보자" 하는 말로 독려합니다.

그런데 그렇게 이야기를 해보면 표현을 못 찾는 게 아니라 실제로는 말할 내용을 잘 알지 못하고 있을 때가 많습니다. 본인의 생각과 달리, 아는데 설명을 못하는 게 아니라 몰라서 설명을 못하는 것입니다. 직접 말을 해봐야 무엇을 모르는지 알 수 있고, 또 배울 수도 있습니다.

어렴풋이 알고 있더라도 그것에 대해 말로 해보면 지식이 또렷해집니다. 공부할 때 어렵고 헷갈렸던 부분이 친구나 동생에게 설명하면서 갑자기 이해가 되었던 경험을 꽤 많은 사람이 가지고 있을 겁니다. 혼잣말로 자기 자신에게 설명하면서 문제를 풀면 막히거나 잘 모르는 부분이 어디인지 명확히 드러나기도 하지요. 말하기는 여러 면에서 지식을 체화하는 데 도움이 됩니다.

『세계 자연유산 답사』를 읽고 이다음에 직접 가보고 싶은 곳을 골라보자고 한 적이 있습니다. 4학년 어린이들에게 가장 인기 있는 장소는 갈라파고스제도였습니다. 다윈의 진화론으로 유명해진 이 섬들은 어린이들 말마따나 이름도 멋진 느낌이고, 희귀한 동물도 많이 살고 있어 호기심을 끕니다.

그런데 어린이들에게 "갈라파고스제도는 어디에 있을까?" 하고 물었을 때는 아무도 대답하지 못했습니다. 답은 남아메리카, 에콰도르입니다. 가보고 싶은 곳이라면 위치를 알아야 합니다. 곧장 지도에서 에콰도르의 위치를 확인했습니다. 그리고 갈라파고스제도의 희귀한 동물들 이름을 적어보고 외워봅니다.

이런 지식은 정답을 찾아 적는 것보다 확실히 기억하는 것이 더 중요합니다. "갈라파고스제도에는 신기한 동물이 많다"고 하는 것과 "에콰도르의 갈라파고스제도에 가면 푸른발부비, 군함조, 갈라파고스코끼리거북을 만날 수 있다"고 하는 데는 큰 차이가 있지요.

생각한 것을 말로 표현해 보자

수업을 위해 읽어올 책으로 『아름다운 위인전』(고진숙 글, 경혜원 그림, 한겨레아이들)을 소개했더니 표지를 살피던 어린이들이 "이 중에 김만

『아름다운 위인전』

덕만 아는 사람이네요" 했습니다. 나란히 적힌 이지함, 이헌길, 이승휴, 을파소는 처음 듣는 이름이라는 것입니다. 제목이 왜 '아름다운 위인전'인지도 궁금해했지요. 저는 작가가 이 사람들을 아름답다고 하는 이유가 무엇인지 생각하면서 읽어보자고 했습니다.

한 주 뒤 수업을 시작할 때, 성찬이는 "이렇게 훌륭한 일을 한 사람들이 있는데 별로 알려지지 않았다는 게 이상해요"라고 소감을 밝혔습니다. '토정'이라는 집을 지어 빈민을 구제한 이지함, 환자를 따뜻하게 살피고 우리 땅에 맞는 치료법을 연구한 이헌길 등 나눔을 실천한 사람들의 이야기에 감명받은 것입니다.

오늘날은 위인전 대신 '인물 이야기'라는 말을 많이 씁니다. 인물을 업적 중심으로 평가하고 칭송하기보다 입체적, 객관적으로 조명하려는 시도여서 저는 좋다고 생각합니다. 역할 모델이 될 만한 현대의 인물들이 어린이에게 많이 소개되는 것도 반갑습니다. 다만 그렇다 보니 누군가 유명세를 탄다 싶으면 곧장 그 사람 이야기가 책으로 출간되는 것은 걱정스러운 대목이지요.

그런 뜻에서 독서교실에서는 "위인이란, 훌륭한 사람이란 어떤 사람일까?" 하는 질문을 자주 합니다. 『아름다운 위인전』을 읽었을 때도 마찬가지였습니다. 어린이들은 각자 '우리나라를 널리 알린 사람' '세계에 평화를 준 사람' '재능을 크게 발휘한 사람' '할 수 있다는 것을 보여준 사람' 등으로 정의했습니다. 그렇다면 이 책의 저자는 어떤 사람을 위인이라고 정의했을까요? 어린이들 말대로 "자기보다 남들을 생각한 사람, 가진 것을 나누어준 사람"입니다. 이는 저자의 관점을 짚어본 것입니다.

저는 다시 물었습니다.

"그런데 이 사람들은 왕이나 장군, 예술가처럼 눈에 보이는 업적을 남긴 것도 아니고, 또 그래서 그만큼 유명하지는 않지. 물론 역사에 남은 것 자체가 의미 있지만 말이야. 그렇다면 이 사람들은 왜 자기가 가진 것을 쏟아부으면서 남을 도왔을까?"

곰곰이 생각하던 성찬이가 대답했습니다.

"스스로 원했으니까요. 옳다고 생각하는 것을 실행했으니까 뿌듯했을 거예요. 그렇다면 그게 만족스러웠을 테고, 그걸로 보상받았을 것 같아요."

지식책이 주는 제일 큰 선물은 이런 깨달음의 순간이 아닐까요?

이 책에 소개된 '덜 유명한' 인물 중 더 많이 알려졌으면 하는 인물을 한 사람씩 뽑고 그 이유를 말해보기로 했습니다.

동건이는 세상 돌아가는 이치에 관심이 많고 이재(理財)에도 밝은 편이라 토정 이지함의 선견지명과 자선 사업에 대해 말할 거라고 생각했는데, 의외로 이헌길을 알리고 싶다고 했습니다.

"이헌길은 왕족인데도 실학을 공부하고 의술도 공부했어요. 저는 이헌길이 마진(홍역)을 고칠 때 일이 제일 기억에 남았어요. 이헌길이 『두진방』이라는 중국 의서를 보고 환자를 많이 고쳤는데, 어떤 아이들은 더 탈이 나서 고생을 했거든요. 알고 보니까 열 내리는 데 좋다고 가재를 날것으로 먹어서 그런 거였어요. 그래서 이헌길이 책도 중요하지만, 우리나라 사람들의 생활습관을 알아야 된다고 깨닫는 부분이 좋았어요. 그리고 자기에게 이익될 게 없는데도 의서를 남긴 것도 훌륭한 것 같아요."

이헌길이 보여준 집념과 실사구시(實事求是)의 태도가 실용주의자 동건이에게 어떤 울림을 주었는지 짐작이 갑니다. 다빈이는 김만덕의 뒷이야기를 알리고 싶어 했습니다.

"김만덕은 학교에서도 배우고 다른 데서도 이름을 많이 들어봤어요. 그런데 이 책을 읽고 정조가 김만덕을 금강산에 보내줬다는 건 처음 알았어요. 저는 이게 많이 알려졌으면 좋겠어요. 왜냐하면 저는 제주 사람들이 뭍에 자유롭게 오가지 못했다는 점은 몰랐거든요. 여자는 김만덕 정도의 큰 공을 세워야지만 뭍에 다녀올 수 있었다는 사실도 이상해요. 이런 점도 같이 알려지면 좋겠어요."

이미 알고 있던 것과 더 알게 된 것, 그 사이에 생각한 것을 잘 정리한 말입니다. 김만덕이라는 개인에 대한 이야기에서 시대와 사회상을 읽어낸 점도 좋지요. 지식책을 읽고 생각한 것을 말해보게 해주세요. 정보를 일방적으로 받아들이기보다 '생각하면서' 읽는 연습이 됩니다.

지식과 나를 연결해서 말하기

하울이는 이야기 그림책이나 동화책은 아주 좋아하면서 지식책은 그다지 읽고 싶어 하지 않습니다. 이유를 물었더니 "그거 공부하는 거 아니에요?"라고 말합니다. 그런 게 아니라고 해도 내켜 하지 않아서 더 권하지 않았습니다. 대신 하울이의 꿈이 요리평론가인 점에 착안해서 세계의 음식을 구경시켜 주겠다고 했습니다.

『세계와 만나는 그림책』(무라타 히로코 글, 테즈카 아케미 그림, 사계절)은 세계 곳곳 사람들의 생김새, 멋 내는 맵시, 민속 의상, 전통 가옥 등을 한눈에 보여주는 그림책입니다. 하울이에게 이 책을 권하면서 여기 나오는 음식 그림만 봐도 된다고 했지요. 하울이는 독특한 먹을거리와 간식을 소개하는 부분을 제일 좋아했지만 전 세계의 축제나 다양한 인사법도 재미있어 했습니다.

역시 세계 문화를 소개하는 『지구촌 문화 여행』(알렉산드라 미지엘린스카·다니엘 미지엘린스키 글·그림, 그린북)은 각국의 지도에 문화적 특징과 특산물, 음식, 유명 인물 등을 그려 넣은 화려한 그림책입니다. 하울이는 이 책에 나오는 음식은 다 먹어봐야겠다면서 즐거워했는데, 재미있게도 마지막에 부록처럼 실린 '세계 여러 나라의 국기' 페이지도 좋아했습니다.

"하울아, 그러면 우리 여기서 마음에 드는 국기를 하나씩 골라보자. 태극기 빼고, 또 나라 이름도 신경 쓰지 말고, 그림만 봐서 마음에 드는 걸로."

하울이는 그레나다 국기와 알바니아 국기를 골랐습니다.

"제가 좋아하는 말 중에 '운명'이라는 게 있는데요, 그런데 여기 있는 별(그레나다 국기는 사각형과 별로 꾸며져 있습니다)이 왠지 운명이랑 어울려요. 운명 중에서도 좋은 운명요. 그리고 알바니아 국기는 새가 평화를 상징하는 것 같아서 좋아요."

둘 다 하울이가 전에는 들어본 적도 없는 나라들이었습니다. 별이나 새가 국기에 등장한다면 하울이 말대로 좋은 뜻의 상징을 담고 있겠지요. 세계 곳곳의 사람들이 열심히 의식주를 가꾸어가고, 자신들만의 이상을 추구하고 있다는 사실을 생각해 본 것이 하울이가 이 책들을 읽은 보람이 아닐까요? 이런 경험의 시작은 하울이가 좋아하는 음식 이야기였습니다. 책에서 배운 지식과 어린이의 일상을 연결할 때 독서는 더 풍요로워집니다.

알게 된 것을 다지는
독후 활동

대상을 잘 이해하는 방법 중 하나는 그것에 대해 글을 써보는 것입니다. 책을 읽은 뒤에 알게 된 내용을 글로 써보면 스스로 얼마나 알고 있는지, 어느 부분의 이해가 불명확한지 알 수 있습니다. 물론 이 과정에서 책을 다시 들춰보아도 좋습니다. 외운 것을 시험하는 글쓰기가 아니니까요.

하지만 내용 이해가 많이 부족한 상태에서는 어떻게 써야 할지, 어디를 찾아봐야 할지도 알기 어렵겠지요. 그럴 때는 글쓰기에 욕심을 내지 말고 다시 잘 읽어야 합니다. 또 책 전체 내용을 정리하려고 해도 엄두가 나지 않을 것입니다. 일부라도 확실히 이해하고 쓰는 것이 좋습니다.

예를 들어 『소리로 만나는 우리 몸 이야기』를 읽었다면 '트림, 방귀, 딸꾹질, 기침, 관절이 뚜둑 하는 소리, 코 고는 소리' 중 하나를 골라 그 소리가 나는 원리에 대해 써볼 수 있습니다. 『이상희 선생님이 들려주는 인류 이야기』를 읽고 '인간이 두 발로 걸으면서 치르는 대가와 그에 따른 선물'에 대해 써볼 수 있겠지요. 눈으로만 읽을 때보다 더 자세히 알게 됩니다.

지식책을 읽고 '느껴지는 것'에 대해 쓸 수도 있습니다. 『옛날 사람들은 어떻게 살았을까』(조은수 글, 최영주 그림, 창비)에는 옛날 사람들의 일상이 엿보이는 우리나라 옛 그림들이 실려 있습니다. 독서교실에서는 이 책을 읽고 그림 속의 인물 중 한 사람을 골라 무슨 생각을 하고 있을지 짐작해서 써보기로 했습니다. 그림의 상황을 이해하고 감정을 이입해야 쓸 수 있는 글이었지요.

6학년 지은이는 김홍도가 그린 <대장간>에서 낫을 가는 사람을 골라 이렇게 썼습니다.

"쪼그리고 앉아서 낫을 갈고 있으니까 너무 다리가 아프다. 옆에서 나는 소리는 엄청 시끄러워. 뜨겁기도 하고. 불똥이 여기까지 튀면 어떡하지? 전문가들이니까 조심하겠지."

역시 6학년 재혁이는 김득신이 그린 <송하기승(소나무 아래에서 장기 두는 승려)>에서 놀이를 구경하는 스님을 선택했습니다.

"이 판은 언제 끝날까. 다음 판엔 내가 이긴 사람이랑 해야지! 아이고 답답해라, 돌을 저기에 두면 이길 수 있는데. 나도 곧 가야 되는데, 빨리 끝내라고 말할까? 나는 한 판도 못 했는데 치사하게 둘이서만 계속하네!"

게임을 할 때 끼고 싶어 하는 마음은 그림 속 스님도 오늘날의 어린이도 비슷한 것 같지요? 그런 비슷한 마음을 짐작해 보게 하는 것이 이 책이 의도한 바이기도 합니다.

관심을 확장시키는 '어깨너머 읽기'

어린이가 지식책을 읽었을 때는 그것과 관련된 다른 책들을 소개하기에도 딱 좋은 때입니다. 이때 어린이가 읽기에 좋은 연관 도서를 소개할 수도 있지만 가끔은 어른이 보는 책을 넘겨보는 것도 의미 있는 경험이 됩니다.

즈느비에브 빠뜨는 『사서 빠뜨』(재미마주)에서 "어린이 도서관에 어른들을 위한 책을 비치해 두는 것도 바람직하다"고 말합니다. 그리고 오늘날과 같은 인터넷 시대에는 어린이용 주제와 어른용 주제가 따로 없으며 따라서 어린이책과 어른책을 구분해서 배치하는 것이 시대착오적이라고까지 주장합니다.

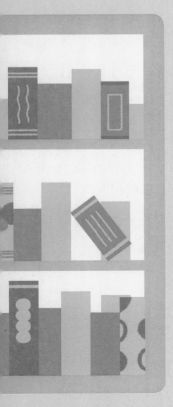

저는 어린이를 위한 충분한 책과 독서 공간이 당연히 필요하다고 생각합니다. 또 한편으로는 어린이에게 어른들이 읽고 있는 책을 보여주는 것 역시 독서 교육이라고 믿습니다. 어린이는 어른의 책을 어깨너머로 보면서 '언젠가는 저런 책도 읽어야겠다'고 나름의 독서 전망을 세워볼 수 있습니다. 어른들도 모르는 것을 공부하고, 좋아하는 것을 즐기고, 새로운 것을 발견하기 위해 책을 읽는다는 사실을 알면 독서의 가치도 새롭게 생각하게 됩니다.

『톡 씨앗이 터졌다』(곤도 구미코 글·그림, 한울림어린이)는 계절에 따른 씨앗의 여행을 담은 책입니다. 판형이 시원스럽고 그림이 화려해서 저학년 어린이도 즐겁게 볼 수 있는 지식책이지요. 씨앗과 벌레들이 유머러스하게 그려져서 딱히 식물에 관심이 없던 어린이도 재미있게 봅니다. 1학년 시우와 이 책을 읽고 제가 보는 식물 책도 같이 보았습니다. '식물세밀화가가 식물을 보는 방법'이라는 부제를 단 『식물 산책』(이소영 글·그림, 글항아리)은 근접 촬영한 꽃과 열매부터 잘 가꾸어진 정원까지, 아름다운 사진들이 실려 있습니다. 세밀화로 그린 식물들도 특별한 감동을 줍니다.

『경국대전을 펼쳐라!』(손주현 글, 오승민 그림, 책과함께어린이)에는 조선의 법과 대한민국의 법을 비교하는 대목이 있습니다. 뇌물을 금지하기 위한 조선의 분경법과 대한민국의 부정부패방지법도 나란히 놓였지요. 부정부패방지법은 '김영란법'이라고도 불린다는 내용이 있어서, 어린이들에게 『김영란의 책 읽기의 쓸모』(김영란 글, 창비)를 보여주었습니다. 마침 표지에 김영란 전대법관의 사진이 실려 있어 어린이들이 "아, 이 분이에요?" 하며 관심을 보였습니다. 실존 인물을 떠올리며 이 법이 생긴 이유와 실행 과정의 갈등 등을 설명하니 수업도 잘 되었습니다.

『세계의 빈곤, 게을러서 가난한 게 아니야!』를 읽은 어린이들에게는 『인문세계지도』(댄 스미스 글, 유유)를 보여주었습니다. 부와 불평등, 전쟁과 평화 등의 관점에서 전 세계의 정보와 통계를 그래픽으로 표현한 지도책입니다. 자세한 내용은 이해하기 어려워도 직관적인 그림과 디자인 덕분에 어린이도 이 책이 말하고자 하는 바에 다가갈 수 있습니다. 이런 책을 보는 경험 자체가 중요하기도 하고요.

『이상희 선생님이 들려주는 인류 이야기』 수업 때는 인류의 역사와 미래를 탐구하는 책들인 유발 하라리의 『사피엔스』 『호모데우스』 『21세기를 위한 21가지 제언』(김영사)을 보여주었더니 어린이들의 눈이 커다래졌습니다.

"이거 합치면 몇 쪽이에요?"

"참고 자료 부분을 빼고 합치니까 1,636쪽이네."

"선생님, 이거 다 읽으셨어요?"

"그럼, 당연하지."

이번에는 입이 벌어졌습니다. 분량에 놀란 것이지요. 이럴 때는 어린이들이 저를 조금 다른 눈으로 보는 것도 같습니다. 저도 모르게 어깨가 올라갑니다. 어린이와 함께 책을 읽으면 어른도 성장합니다. 어른과 함께 책을 읽는 어린이도 물론 그럴 것입니다.

더 읽어볼 지식책과 추천 활동

- 『척척 곤충도감』 카를로 피노 글, 야에자와 나토리 그림, 다산어린이, 2019
  독서교실의 인기 도서입니다. 퀴즈로 여러 곤충의 특징을 알려주는 책이지요. 읽을 때는 다 알 것 같은데 막상 문제를 내면 알쏭달쏭하며 즐거워합니다. 좋아하는 곤충이 있으면 캐릭터 카드로 꾸며보는 것도 재미있어요.

- 『재밌게 걷자! 경복궁』 이시우 글, 서평화 그림, 주니어RHK, 2024
  어린이를 위한 경복궁 안내서입니다. 직접 들고 가서 책의 내용과 실제 건물을 연결해 볼 수 있어요. 물론 경복궁에 오기 어려운 어린이들도 친절한 설명 덕분에 궁궐에 온 기분을 느낄 수 있지요. 책 표지 안쪽에는 경복궁 지도가 있습니다. 입체적이고 실용적인 지식의 세계를 만나보세요.

- 『어린이를 위한 아트 슈퍼스타 시리즈』 사라 바르테르 외 글, 글렌 샤프롱 외 그림, 비룡소, 2022
  미술책은 설명도 중요하지만 도판의 질도 중요합니다. 즉 책에 들어간 그림이나 사진이 선명하고 아름다운지를 봐야 하지요. 이 시리즈는 사진이 좋고 일러스트와도 잘 어울리게 편집되어 연령과 상관없이 즐길 수 있어요. 어린이가 좋아하는 작가가 있다면 같은 주제를 다룬 다른 책을 함께 보는 것도 좋습니다.

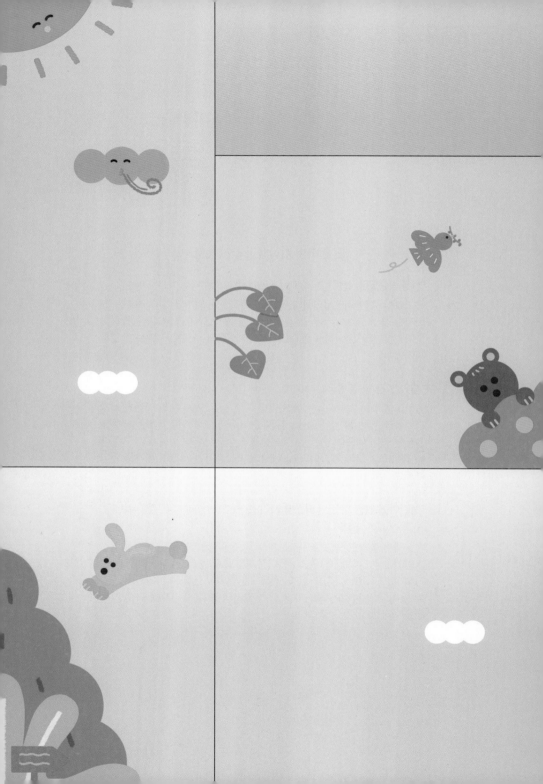

말한 것을
글로 쓰기

어휘력,
어휘를 부리는 힘

독서력과 어휘력은 맞물려 있습니다. 우선 독서가 어휘력을 키우는 것은 자명한 사실입니다. 책을 읽으면 새로운 낱말을 만날 뿐 아니라, 이미 알고 있던 낱말의 다양한 쓰임새도 알 수 있지요. 모르는 말의 뜻은 문맥을 고려해 짐작할 수도 있습니다.

반대로 어휘력이 독서 수준에 영향을 미치기도 합니다. 어휘 수준이 높은 어린이는 어려운 책도 읽을 수 있습니다. 하지만 연령이나 학년과 관계없이 어휘력이 빈약하면 단순한 내용의 책도 읽기 어렵습니다. 어른도 마찬가지입니다. 지적 능력을 개발하기 위해서는 어휘력을 꾸준히 단련해야 합니다.

그런데 책을 읽는 것만으로 어휘력을 기를 수 있을까요? 그것만으로는 부족합니다. 어휘력은 '어휘를 마음대로 부려 쓰는 힘'입니다. 알 뿐 아니라 마음대로 사용할 줄도 알아야 한다는 뜻입니다. 필요할 때 어려움 없이 알맞은 어휘를 사용하려면 일단 아는 어휘가 많아야 하고 그 뜻도 정확히 알아야 합니다. 그리고 자주 써봐야 하지요. '읽기'보다 적극적인 개입이 필요합니다.

국어사전의 다양한 쓸모

국어사전은 어휘력을 키우는 훌륭한 도구입니다. 무엇보다도 사전을 이용하면 낱말의 뜻을 가장 정확하게 알 수 있습니다. 예를 들어 어린이가 '깍쟁이'가 무엇인지 물었다면 어떻게 설명할까요?

저는 '계산이 빠른 사람' '손해를 안 보려고 하는 사람' 같은 말이 떠오릅니다. 그런데 계산이 빠르다고 하면 그냥 셈을 잘하는 사람 같고, 손해를 안 본다는 말도 어린이에게 잘 전달되기는 어려울 것 같지요. 국어사전의 풀이는 "얄미울 만큼 약삭빠른 사람. 또는 자기 것을 지나치게 아끼고 남에게 베풀 줄 모르는 사람"*이네요. 낱말의

---

* 『보리 국어사전』 토박이 사전 편찬실 엮음, 보리, 2025

뜻과 말맛이 정확하게 설명됩니다.

사전의 풀이 방식 자체에도 배울 점이 있습니다. 간결하면서도 필요한 내용은 빠뜨리지 않기 때문입니다. 이것은 좋은 설명의 예시가 됩니다. 국어사전에서 낱말을 찾아보면 동음이의어와 파생어 등 연관된 낱말들을 함께 공부할 수도 있습니다.

요즘은 컴퓨터나 스마트폰에서 인터넷 사전을 사용하는 경우가 훨씬 많습니다. 저 역시 '표준국어대사전'과 '우리말샘'을 즐겨찾기로 등록해 두었습니다. 그렇지만 수업 때는 번거롭더라도 반드시 종이 사전을 이용해 낱말의 뜻을 찾아봅니다. 독서교실에서만이라도 인터넷 정보에 의존하기보다 책을 찾아보는 모습을 보여주고 싶어서입니다. 또 종이 책장을 앞뒤로 넘기고 손가락으로 낱말들을 훑어 찾는 과정에서 새로운 낱말을 발견할 때도 많고요. 사전을 자주 펼칠수록 어휘 주머니가 두둑해집니다.

다만 종이 국어사전은 찾는 법 익히기가 간단하지 않습니다. 그래서 어린이가 재미를 붙이게 하려고 낱말 빨리 찾기 게임도 해보았습니다. 그런데 찾는 것 자체에 정신을 빼앗겨서 뜻풀이를 소홀히 보거나 주변 낱말들 보는 재미를 놓치기도 했습니다. 또 사전에서 '모르는 말'만 찾다 보니 결국 국어사전도 학습 참고서처럼 여겨지기도 했습니다.

그래서 저는 어린이가 국어사전과 친해지게 하려고 노력을 기울입니다. 그러자면 사전이 어떤 점에서 재미있고 쓸모 있는지 알아야 하겠지요. 처음에는 첫소리, 가운뎃소리, 끝소리 차례를 칠판에 적고 그것을 보아가며 천천히 찾아도 됩니다. 심지어 부모나 교사가 대신 찾아도 됩니다. 먼저 국어사전이라는 '책'을 재미있게 여기고, 그다음 이용 방법을 익히는 것이 좋습니다.

독서교실에서는 국어사전을 이렇게 활용합니다.

① 낱말의 뜻 짐작하기

누구나 아는 단어를 골라 사전에 어떻게 풀이되어 있을지 짐작해봅니다. 예를 들어 '나비'는 사전에 어떻게 풀이되어 있을까요? 처음 질문을 받은 어린이들은 '날아다니는, 날개에 무늬가 있는 곤충' '예쁜 날개가 있는 곤충' '나방의 친척' 등 재미있는 표현을 동원합니다. 그런데 사전에 실릴 만한 설명은 아니지요. 그럴 때 사전의 풀이를 읽어줍니다.

나비: 꽃을 찾아다니면서 꿀을 빨아먹는 곤충. 몸은 가늘고 가슴에 큰 날개가 두 쌍 있다.

뜻만 읽어도 나비라는 낱말이 떠오르는 설명이지요.
그러면 '벌'은 어떻게 풀이될까요?

벌: 여러 마리가 떼 지어 살면서 꽃에서 꿀과 꽃가루를 모으는 곤충. 꽁무니에 독침이 있어 적을 쏜다.

여기까지 하면 어린이들도 감을 잡습니다. 그러면 이번에는 낱말의 풀이를 짐작해 문장으로 적어봅니다. 그런 다음 사전에서 실제 풀이를 찾아 옮겨 적는 것이지요. 둘을 나란히 두고 보면 사전식으로 정의 내리는 방법을 익힐 수 있습니다. 이 과정은 개념을 명확히 정리하는 연습이 됩니다.

	내가 짐작한 뜻	사전의 뜻
바다	물이 많이 있는 곳. 넓고, 물고기가 산다.	지구에서 짠물이 있는 아주 넓은 곳. 물고기, 고래, 바닷말 들이 산다.
우정	친구끼리의 의리.	동무가 서로 아끼고 위하는 마음. 또는 동무끼리 나누는 따뜻한 정.
숙제		
사전		

사전이 여러 종류 있어서 다른 풀이를 더 쓸 수 있으면 더욱 좋습니다. 같은 단어를 풀이하는 여러 방식을 익힐 수 있기 때문입니다. 어린이의 풀이와 사전의 풀이 역시 서로 다르면서도 각각 바른 것일 수 있다는 점을 기억해 주세요.

그리고 이런 연습을 할 때는 너무 어려운 단어보다는 일상적으로 쓰는 단어를 찾아보는 것이 좋습니다. '만두' '불고기' 같은 음식, '노란색' 같은 색깔을 찾아봐도 재미있지요.

② 뜻을 듣고 단어 맞히기

사전의 풀이를 듣고 어떤 낱말을 설명하는 말인지 맞히는 게임은 독서교실 어린이들 모두가 좋아합니다. 맞히면 당연히 기뻐하고 못 맞힐 때도 재미있어 합니다. 풀이를 들을 때는 영 모르겠다고 하다가 답을 알고는 "아깝다! 이렇게 쉬운 걸!" 하고 안타까워하지요.

문제를 내는 어린이는 아무 낱말이나 골라 풀이를 읽으면 됩니다. 맞히는 어린이가 '879쪽에 있는 낱말' '치읓으로 시작하는 낱말' 하는 식으로 지정할 수도 있습니다. 문제를 내는 어린이는 다른 아이들이 쉽게 못 맞히게 하려고 일부러 어려운 말, 희한한 학명 들을 내기도 하는데 그럴 때는 교실이 웃음바다가 됩니다. 이때도 풀이를 여러 번 읽고 또 듣기 때문에 설명하는 방식을 배우는 데 도움이 됩니다.

"탄자니아 북동쪽에 있는 산. 아프리카에서 가장 높다." 이 풀이가 가리키는 낱말은 '킬리만자로산'입니다. 국어사전에서 이런 상식도 얻을 수 있습니다. 무엇보다, 재미가 있습니다.

③ 낱말 늘어놓기

국어사전 찾는 법을 배우는 중이라면 여러 단어를 사전식으로 배열하는 연습을 합니다. 낱말이 적힌 카드를 이용하면 어린이 입장에서 부담이 적고 재미도 있지요. 자음 순서 따지기, 같은 자음 안에서 순서 따지기 등으로 난도를 높여 갑니다.

사전에 실리는 말은 아니지만 자신을 포함하여 친구들 이름을 가나다 순서로 정리하는 것도 어린이들이 재미있어 합니다. 저학년 어린이들은 "아! 그래서 우리 반 1번이 강○○이구나!" 하고 문득 깨닫기도 합니다.

1단계: 대나무, 오토바이, 지각, 참나무, 나비, 바람, 하마, 부스러기, 거미

2단계: 뚝배기, 대장, 뜀틀, 다람쥐, 대보름

3단계: 거북이걸음, 거북, 거북이, 거북선

보너스: 윤현준, 박성찬, 황다빈, 이동건, 정우찬, 안재혁, 한희진, 김예은, 권아람

어휘를
자주 꺼내보자

어휘는 사용을 해야 그 의미가 빛납니다. 아는 낱말이나 표현이 많아도 실제로 쓰지 않으면 진짜 자기 것이라고 할 수 없지요. 그런데 다양한 어휘를 쓰기로 결심한다 해도 곧바로 그렇게 되지는 않습니다. 어휘를 골라 쓰는 것은 복잡한 사고 과정이기 때문입니다. 말을 할 때는 물론이고 글을 쓸 때도 익숙한 표현을 먼저 쓰게 마련입니다.

어린이들이 유행어나 비속어를 사용하는 이유 중 하나는 편리하기 때문입니다. 익숙해서 금방 떠오르고, 상대(주로 친구)도 잘 알아듣지요. 물론 언어는 시대와 상황에 따라 변할 수 있고 그러면서 어휘가 풍부해지는 것도 사실입니다. 그렇지만 그런 말들이 감정이나 생각을 단순하게 만들 때가 더 많습니다. 말의 품위도 떨어집니다. 종종 비속어를 사용하는 어린이도 글을 쓸 때는 되도록 다른 표현을 찾으려고 하는 걸 보면 자기도 그 사실을 알고 있는 듯합니다.

어린이가 비속어를 쓰면 "그런 말 쓰지 마"라고만 하지 마시고 바꾸어 쓸 수 있는 말을 함께 찾아보세요. 머릿속의 어휘를 자주 꺼내보게 해주고 녹슬지 않게 관리해 주세요.

다양한 ○ 글자 낱말 대기

끝말잇기는 저학년 어린이의 어휘력을 키우는 놀이로, 처음에는 재미있지만 계속 하다 보면 비슷한 말이 돌고 돌게 됩니다. 독서교실에서는 끝말잇기보다 'O 글자 낱말 대기'를 합니다. 방법은 여러 가지로 바꿀 수 있습니다.

- 세 글자 낱말 대기: 울타리, 고등어, 바가지, 세탁소, 지하철, 통나무
- 두 글자 낱말 대기: 친구, 간식, 칫솔, 자연, 나무, 대결
- 기역으로 시작되는 세 글자 낱말 대기: 강아지, 고사리, 굴착

기, 꼭대기, 가마니, 갈매기
- 기역으로 시작되는 두 글자 낱말 대기: 과자, 꼬마, 가지, 고향, 국어, 귀신, 기차, 굴비
- 한 글자 낱말 대기: 강, 방, 궁, 차, 일, 배, 손

물론 기역뿐 아니라 다른 자음도 얼마든지 제시할 수 있습니다. 고학년 어린이들은 '정해진 자음으로 시작되는 세 글자 낱말 대기'를 제일 어려워하고, 또 재미있어 합니다. 친구의 답에 "아, 그것도 있네!" 하면서 아쉬워하기도 합니다. 그것도 공부입니다.

말로 대는 게 어려우면 시간을 정해 놓고 쪽지에 써서 발표해도 됩니다. 많이 찾은 사람이 이기는 것도 좋지만, 독서교실에서는 친구와 겹치지 않은 낱말을 많이 생각해낸 사람한테 가산점을 줍니다. 그러면 흔치 않은 단어를 생각해내려고 더 애쓰기 때문이지요.

이 활동을 하면 어린이들이 "비읍이 제일 어려워요" "아니야, 피읖이 제일 없어. 선생님, 피읖은 이제 다 나왔어요" 하기도 합니다. 그럴 때는 국어사전을 펼쳐 같이 세 글자 단어를 찾아봅니다. 피읖에는 '파렴치, 파발마, 파상풍, 판가름, 판소리, 팔다리' 등이 있네요. '파발마'를 알려면 '파발'을 알아야 하고, 그러자면 조선 시대에 먼 곳으로 소식을 전하던 방법을 주제로 이야기하게 됩니다. '팔다리'는 붙여 써야 하는 하나의 낱말이라는 것도 배울 수 있고요.

자음을 활용한 긴 문장 만들기

『기차 할머니』(파울 마르 글, 프란츠 비트캄프 그림, 토끼섬)의 주인공 울리는 기차에서 만난 브뤼크너 할머니 덕분에 재미있는 여행을 합니다. 할머니는 울리에게 어렸을 때 이야기도 들려주고, 어린 시절에 했던 간단한 놀이들도 가르쳐주지요.

그중에는 '말짓기놀이'가 있는데 한 문장 안에 같은 자음으로 시작하는 낱말이 많이 들어가게 하는 것입니다. 원래는 독일어로 쓰였겠지만 한국어 번역도 재미있습니다. 브뤼크너 할머니가 든 예는 이렇습니다. 지읒이 주제라면, '저기 저 자갈길에 자동차와 자전거가 자기가 제일이라고 자꾸만 자랑한다'와 같은 식입니다.

어린이들도 지읒을 많이 쓰는 문장을 만들어보았습니다.

재혁: 대한민국과 조선민주주의인민공화국과의 종전은 언제 이
　　　루어질까?
우찬: 나는 안재혁, 정민아, 장한주, 조은우랑 재미있게 놀고 집
　　　에 가지 않았다.
지영: 지금 수업 중인데 재잘재잘 떠드는 저기 저 애들, 저렇게
　　　자꾸 장난치다 제대로 혼나지. 저렇게 될 줄 알았지.

낱말을 생각해내는 초성 퀴즈

하울이는 『기차 할머니』의 말짓기놀이가 재미있는데 너무 어렵다며 다른 놀이를 제안했습니다. 상대가 제시한 첫소리를 보고 낱말을 생각해내는 놀이입니다. 규칙은 간단하지만 답을 대기가 결코 쉽지 않았습니다. 어휘력뿐 아니라 순발력도 필요합니다. 더는 나올 낱말이 없을 것 같아도 언제든지 낱말은 계속 나오고요.

이런 놀이를 할 때 기억할 점이 있습니다. 어린이가 먼저 묻지 않는 이상 낱말 뜻을 일일이 설명하지 않는 것입니다. 어린이가 뜻을 알고 있는지 확인하는 것도 되도록 삼가는 게 좋습니다. 이 놀이는 '많이' 대는 것이 핵심입니다. 흥이 깨지면 곤란하지요.

ㄱ ㅊ : 기차, 고추, 가치, 구청, 갈치

ㄴ ㄹ : 나름, 나라, 노래, 노루, 누리

ㄷ ㄱ : 단군, 대게, 다과, 대가, 도굴

ㅈ ㅁ : 재미, 주문, 장미, 주먹, 조명

6장 말한 것을 글로 쓰기

관용 표현을
익히자

속담, 고사성어, 관용어는 말하기와 글쓰기에 쓸모가 많습니다. 생활 속에서 자연스럽게 배울 수도 있지만 저는 일부러 찾아 외우기를 권합니다. 이런 것은 한번 익히면 잘 잊히지 않기 때문에 수고를 들일 만합니다.

오랜 세월 사람들의 입에서 입으로 전해오며 쓰이고 살아남은 속담에는 교훈과 처세술, 생활의 지혜가 담겨 있습니다. 절묘한 표현들도 재미있고요. 예를 들어 말조심하라는 뜻의 '발 없는 말이 천 리 간다'는 동음이의어 '말[言]'과 '말[馬]'을 활용한 속담이지요. '고양이 목에 방울 달기'는 어떨까요? 한 문장에 옛이야기 한 편이 들어 있습니다.

그런데 어린이가 뜻을 헤아리기 어려운 속담도 많습니다. '가지 많은 나무에 바람 잘 날 없다'라는 속담을 가르쳐줄 때였습니다. 들어본 적 있는 어린이도 있고, 처음 듣는 어린이도 있었습니다. 그래서 무슨 뜻인지 짐작해 보자고 했는데 어린이들은 영 갈피를 잡지 못했습니다. 여기서 '가지'가 나뭇가지인지, 채소 가지인지도 생각해야 했고, '바람 잘 날'이 무슨 뜻인지는 도통 알지 못했기 때문입니다. 그래서 하나하나 설명해 주었습니다.

"여기서 '가지 많은 나무'는 자식을 많이 둔 부모를 뜻하는 거야. 나뭇가지 하나하나가 자식이라는 거지. '바람 잘 날'은 '바람이 잠잠한 날'을 뜻해. 나무에 가지가 많으면 멋있지만, 바람이 조금만 불어도 가지들이 흔들리겠지? 거기에 빗대어서 '자식이 많으면 걱정도 많다'는 뜻을 전하는 거야."

"그럼 자식이 많으면 안 좋다는 뜻이에요?"

"아니 반대야. 옛날 사람들은 자식이 많은 걸 큰 복으로 여겼어. 그런데 아무래도 식구가 많으니까 좋은 일도 어려운 일도 많았겠지. 그래서 고생하는 부모를 위로하는 뜻에서 '이게 다 가지가 많은 멋진 나무라서 겪는 일이니 너무 속상해하지 말라'고 하는 거야."

'울며 겨자 먹기'를 배울 때는 재미있는 일이 있었습니다. 제가 '겨자'를 설명해도 어린이들이 잘 이해하지 못했습니다.

"허니 머스터드 소스 있잖아. 거기서 머스터드가 겨자야."

"그럼 맛있는 거 아니에요? 근데 왜 울면서 먹어요?"

제가 웃음을 참는 사이에 어린이들의 추측이 이어졌습니다. "너무 많이 먹어서 그런가?" "머스터드를 싫어하나?" "우리 집에는 좀 매운 것도 있어. 씨도 들어 있고" "많이 먹기 대회?"

싫지만 억지로 해야 되는 일이라고 뜻을 설명해도 다들 아리송한 얼굴이었습니다. 저는 말을 바꿨습니다.

"엄마가 스마트폰을 바꿔준다고 했는데, 그 조건이 매운 떡볶이를 한 그릇 다 먹는 거야. 그런데 그 애가 매운 음식을 원래 못 먹는 애인 거지."

그러자 "아하…" 하는 탄식 같은 소리가 났습니다.

고사성어는 옛이야기에서 나온 한자로 된 말입니다. 한자를 외우지 않더라도 각 글자가 가진 뜻을 알면 고사성어를 외우는 데 도움이 됩니다. '용두사미(龍頭蛇尾)'라면 용이 용을, 두가 머리를, 사가 뱀을, 미가 꼬리를 뜻한다는 것을 알면 됩니다. 어린이들은 고사성어를 의외로 재미있어 하고 기회가 되는 대로 아는 것을 뽐내고 싶어 합니다.

한 어머님이 들려주신 이야기가 있습니다. 어느 날 저녁 식사로 치킨을 주문하려고 했는데, 그 많은 가게 중 어디를 고를지 가족들이 의견을 모으지 못했답니다. 그런데 어린이가 "○○○에 주문하

자. 여기야말로 군계일학이지"라고 해서 가족 모두가 크게 웃었다
는 것입니다. 마침 그날 어린이가 군계일학(群鷄一鶴)을 배웠거든요.
닭의 무리에서 학이 눈에 띄듯이 여럿 중 눈에 띄게 뛰어난 이를 가
리키는 말이라고 했는데 그 말을 써본 것이지요. 그래 놓고 얼마나
의기양양했을지 알 것 같습니다.

　'목이 빠지게 기다리다' '눈에 밟히다' 같은 관용 표현도 틈틈이 익
히게 해주세요. 뜻을 안 다음에는 꼭 실제로 써봐야 합니다. 글을 쓸
때나 고칠 때 한번씩 적절한 속담이나 고사성어, 관용 표현을 넣어
보게 하는 것도 하나의 방법입니다.

문장력,
글을 짓는 힘

문장력은 '글을 짓는 힘'입니다. 글을 '지으려면' 글감부터 잘 고르고, 어떻게 쓸지 구상도 해야 합니다. 알맞은 낱말을 써서 문법에 맞는 문장을 만들고 적당히 단락도 구분해야 합니다. 다 쓴 뒤에 잘못된 부분을 고치는 것도 글을 짓는 사람의 몫입니다.

그런 점에서 글쓰기는 '쓰기'만 하는 게 아닙니다. 독특한 표현을 생각해내고 근사한 문장을 쓴다고 해서 좋은 글이 되지 않습니다. 이 어려운 글짓기를 억지로 해야 하는 어린이로서는 골치가 아픈 것도 당연하지 않을까요?

책을 읽는 것만으로 글을 잘 쓰게 되지는 않지만, 글을 잘 쓰기 위해서는 충분한 독서가 필요합니다. 좋은 책은 글쓰기의 모범이기도 합니다. 어떤 글이 좋은 글인지 알아야 좋은 글을 쓸 수 있습니다.

한편으로는 글을 잘 쓰는 어린이가 책을 잘 읽기도 합니다. 집중력을 가지고 공들여 글을 써보면, 다른 사람이 쓴 글도 대충 보아 넘길 수 없기 때문이지요. 한마디로 읽고 쓰는 일을 좋아하면 더 잘 읽고 더 잘 쓸 수 있습니다.

글쓰기 공책 맨 앞장에 써야 하는 것

글쓰기는 어렵지만 동시에 창조적인 활동이기 때문에 재미와 보람이 있습니다. 지금 이 글을 쓰는 저 역시도 고통과 즐거움을 함께 느끼고 있습니다. 저는 어린이가 느끼는 글쓰기의 괴로움에 공감해주는 것과, 그럼에도 불구하고 글쓰기가 가치 있는 일이기에 가르치는 것이 반드시 필요하다고 생각합니다.

글쓰기 공책 맨 앞장에 '내가 글쓰기를 좋아하는 이유'에 대해서 쓰게 해주세요. 제가 이렇게 제안하면 어떤 어린이는 화들짝 놀라며 "저는 글쓰기를 좋아하지 않는데요?" 하고 물러섭니다. 그럴 때는 '좋아하는 척하기'도 도움이 됩니다.

"지금부터 20분 동안만 최면에 걸리는 것으로 하자. 글쓰기를 엄청나게 좋아하는 사람이 되는 거야. 아니면 정말 유명한 작가가 되어보는 것도 좋아. 그래서 글쓰기를 싫어하는 사람들이 글을 쓰고 싶어지도록 설득하는 마음으로 쓰는 거지. 나의 글쓰기 요령을 소개하는 것도 좋겠지."

내가 글쓰기를 좋아하는 이유는 글을 쓰면 마음이 평온해지기 때문이다. 글을 쓰는 동안에는 주변이 조용한 것처럼 느껴진다. 글쓰기는 오랫동안 집중해야 하는 작업이기 때문에 마음이 진정되고 평온해진다.

그리고 글을 쓰면 좋은 점은 글을 쓰려고 아이디어를 떠올릴 때 창의력이 풍부해지기 때문이다. 집중력도 좋아진다. 그리고 글이 내 생각대로 잘 써지면 뿌듯하고 기쁘고, 완성된 글로 좋은 성과를 내면 더욱 뿌듯할 것이다. 또한 글쓰기는 사람의 감상적인 부분을(이) 바르게 발달하도록 도움을 줄 수 있다.

(6학년 황다빈)

＋ 좋은 부분에만 밑줄을 그으려고 했는데, 그어야 될 부분이 너무 많아서 곤란하네! 선생님도 생각하지 못했던 '뿌듯함'이라는 장점! 앞으로 자주 느끼길 바란다. 선생님도 열심히 쓸게.

(김소영 선생님이)

나는 글쓰기를 좋아한다. 그리고 잘한다. 내가 글쓰기를 좋아하는 이유는 글을 쓸 때 연필을(이) 움직이는 소리가 좋기 때문이다. 또 글을 쓰면 생각과 마음이 정리된다. 주로 나는 내가 경험한 일에 대해 글을 많이 쓴다. 또 글쓰기는 아무리 많이 해도 엄마한테 혼나지 않는 취미 중 하나다. 글을 쓰고 나면 잘 자다 깬 것처럼 머리하고 몸이 개운하다. 글을 쓰면 생각을 많이 하게 돼서 머리가 좋아진다. 글을 쓰다 중간에 뭘 쓸지 생각이 안 나면 딴짓을 하다가 다시 쓰면 된다. 글을 쓰다 보면 갑자기 무의식에 빠진다.

(5학년 최유호)

+ 글쓰기를 좋아하는 이유가 아주 구체적으로 설명되었네. 특히 '경험한 일'을 쓴다는 것은 좋은 이야기다. 다른 사람에게도 참고가 될 거야. 글을 집중해서 쓰다 보면 선생님도 종종 몰입감을 느끼는데, 유호도 그걸 느껴본 것 같아서 반가워!

(김소영 선생님이)

처음에는 난감해하거나 어색해하던 어린이라도 막상 이런 글을 쓰기 시작하면 어느 순간부터는 정말 글쓰기를 좋아하는 사람처럼 진지한 얼굴이 됩니다. 이 글은 글쓰기를 계속하기 위한 다짐 같은 것입니다.

글쓰기가 지겹거나 어렵게 느껴질 때 첫 장을 다시 보게 해주세요. 게일 카슨 레빈의 『행복한 글쓰기』(주니어김영사)를 번역한 소설가 김연수가 「들어가기에 앞서」에 쓴 재미있는 표현을 함께 적어 두어도 좋겠지요.

"세상에는 오직 즐거운 글쓰기만이 있을 뿐이랍니다. 즐겁지 않은 글쓰기란 인상을 쓰면서 뛰어논다는 말과 비슷합니다. 마음껏 쓰세요. 쓰다 보면 글 쓰는 솜씨는 점점 늘어납니다."

좋은 글감을
찾는 연습

좋은 글감을 찾으면 글을 잘 쓸 가능성이 높아집니다. 좋은 글감은 쓰는 사람의 생각을 최대로 끌어내지요. 그럴 때 글쓰기에 자신감이 생기고, 쓰는 동안 옆길로 샐 염려도 적어집니다. 문제는 좋은 글감을 찾는 것이 어렵다는 것입니다.

흔히 무엇이든 글감이 될 수 있다고 하지만 사실 그것은 글쓰기를 좋아하는 사람이나 글을 잘 쓰는 사람에게 해당하는 얘기입니다. 글쓰기를 배우는 어린이에게는 너무 막막한 말이지요. 그렇다고 매번 어른이 글감을 정해줄 수도 없는 노릇입니다.

어린이용 글쓰기 책 중에는 아예 주제별 글감을 모아 놓은 것도 있습니다. 참고할 수는 있지만 문제가 근본적으로 해결되지는 않습니다. 어린이든 어른이든 자기가 쓸 글의 내용은 자기가 정하는 게 제일 좋기 때문입니다.

글감 찾기도 글쓰기의 중요한 부분인 만큼 연습이 필요합니다. 과감하게 글감만 찾는 시간을 가져보세요. 글의 종류에 따라 적절한 글감의 조건을 생각해 글감'만' 적어보는 것입니다. 당장 글을 써야 한다는 부담이 없으면 의외로 글감이 많이 떠오릅니다.

글의 종류	내가 찾은 글감
설명하는 글	힌트: 잘 아는 것을 써요. 예) 내 방 청소하는 법, 우리 아빠의 특징, 나의 버릇
주장하는 글	힌트: 주변의 일을 떠올려서 써요. 예) 도서관 책에 낙서하지 말자, 청소 당번을 잘하자
있었던 일 (생활문, 일기)	힌트: 자세히 쓸 수 있는 것을 써요. 예) 주말에 워터파크 간 일, 물총싸움
시	힌트: 노래로 만들 수 있는 것을 써요. 예) 여름 풍경, 구름과 나뭇잎

어린이 마음에 드는 글감 수첩을 마련해 주세요. 재미있는 아이디어뿐 아니라 새로 알게 된 낱말이나 표현, 인용하고 싶은 말을 적을 수도 있겠지요. 꼼꼼하게 채우지 못해도 됩니다. 한 동화작가는 자기가 구할 수 있는 가장 예쁜 수첩을 사서 늘 가지고 다니면서 틈

틈이 작품 아이디어를 적는다고 합니다.

저에게도 아이디어를 쪽지에 써서 모아두는 상자가 있습니다. 재료만 가지고 요리가 되지는 않지만, 재료가 없으면 요리를 할 수 없다는 사실을 잊지 말아주세요.

얼거리를 어떻게 짤까

'무엇을' 쓸지 정했다면 '어떻게' 쓸지도 생각해야 합니다. 아이디어가 정리되지 않으면 글이 엉뚱한 길로 갑니다. 분명히 '과학자가 된다면 특별한 음식을 만들겠다'는 이야기로 시작했는데 내가 좋아하는 음식이 무엇인지 설명하다가 요리사가 되고 싶다는 이야기로 마무리하는 식입니다. 호기롭게 쓰기 시작해서는 몇 줄 되지 않아 쓸 말이 바닥나기도 합니다. 그럴 때 억지로 글을 이어가거나 서둘러 맺어버리면 쓴 사람도 다시 읽기 싫은 글이 됩니다.

얼거리, 즉 개요를 짜면 정리된 글을 쓰는 데 도움이 됩니다. 얼거리를 뼈대 삼아 살을 붙여가면 옆길로 새거나 막다른 길을 만날 염려가 줄어들지요. 그런데 얼거리를 짜려면 글 전체를 미리 고민해야 합니다. 그래서 어렵기도 하고 귀찮기도 합니다. "얼거리를 짜고 글을 쓰면 글을 두 번 쓰는 것 같아요" 하고 하소연하는 어린이도 있습니다. 그것은 얼거리를 너무 촘촘하게 짰기 때문입니다.

어린이 글쓰기에서 얼거리는 단순할수록 좋습니다. 치밀하게 준비해야 하는 토론 원고가 아닌 이상, '시작 – 중간 – 끝'을 어떻게 할지 큰 틀만 세우고 각각에 들어갈 내용을 간단히 메모하는 정도면 충분합니다.

글을 쓰다 보면 얼거리를 짤 때보다 좋은 생각이 떠오르기도 하고, 몰랐던 문제를 발견하기도 합니다. 그럴 때 기꺼이 고칠 수 있을 만큼 얼거리는 느슨하게 짜는 것이 좋습니다. 심지어는 글을 쓰다가 다른 길로 가도 됩니다. 그래도 얼거리는 필요합니다. 계획표를 수정하는 것이 아무 계획이 없는 것보다 낫기 때문입니다.

만약 어린이가 어려워하면 부모님이나 선생님이 함께 해주어도 됩니다. 실제 글쓰기가 아니므로 어느 정도 개입해서 틀을 잡아줘도 되고요. "방금 한 얘기가 재미있으니까 맨 앞에 쓸까?" "그 얘기는 여기는 안 어울리는 것 같아. 다른 글에 쓰자" "그 얘기는 끝에 쓰면 앞에 한 말이랑 맞아떨어지겠다" 하고 안내하고, 얼거리는 어린이가 직접 쓰는 것입니다.

다른 사람이 쓴 글을 보고 '이 글은 어떤 얼거리로 썼을까' 생각해 보는 것도 큰 도움이 됩니다. 주제별로 얼거리만 여러 가지를 짜 보고, 그중 가장 잘 쓸 수 있는 것을 골라 한 편만 완성할 수도 있습니다.

얼거리가 언제나 시작 – 중간 – 끝으로 짜일 필요도 없습니다. 어떤 글은 본론만 있어도 됩니다. 갈래에 따라 시간 순서로 쓰일 수도 있고, 여러 내용을 나열할 수도 있습니다. 다양한 형식으로 계획표를 짜보세요.

말한 것을
정리해서 쓰는 방법

<상하이의 김 전쟁> (4학년 임태훈)

내 동생 태은이는 밥 먹기 대회 선수다. 빨리 먹기 대회가 있으면 1등을 할 것이다. 많이 먹기 대회에서도 1등을 할 것이다. 평소에는 그래도 괜찮다. 반찬이 넉넉하기 때문이다.

문제는 피자나 치킨처럼 특별한 음식을 먹을 때다. 그때는 나도 먹기 대회 선수가 된다. 나는 이길 때도 있고 질 때도 있다. 내가 다섯 살이나 많은데 질 때는 진짜 속상하다.

지난주에 중국 상하이에 갔을 때는 대회가 아니라 이번엔 전쟁이었다. 할머니가 가져오신 김 때문에 전쟁이 일어났다. 태은이는 기름진 음식도 잘 먹어서 중국 음식도 많이 먹었다. 하지만 나는 중국 음식이 입에 안 맞아서 김을 꼭 먹어야 했다. 그런데도 태은이는 김을 많이 먹었다. 김을 차지하기 위해 나는 전쟁을 해야 했다. 그런데도 태은이가 더 많이 가져가서 내가 지고 말았다. 나는 태은이가 너무 얄밉다.

이 재미있는 글은 태훈이와 제가 이야기를 나누면서 완성한 것입니다. 태훈이 가족의 일, 게다가 여행지에서의 일이니 제가 대신 써주려야 써줄 수도 없지요. 다만 태훈이의 이야기를 듣고, 질문을 하고, 답을 듣고, 그것을 쓰도록 유도한 것입니다.

처음에는 '내 동생이 밥 먹는 모습'을 글로 쓰기로 했습니다. 평소 밥 먹는 얘기를 쓰고, 얼마 전에 다녀온 여행에서 있었던 일도 쓰는 것으로 대충 얼거리를 잡고 시작했지요.

태훈: 제 동생은 밥을 진짜 빨리 먹어요. 그 얘기를 쓸래요.

교사: 그러자. 그런데 빨리 먹기만 하는 거야? 아니면 많이 먹기도 해?

태훈: 빨리 먹기도 하고 많이 먹기도 해요. 그럼 내 동생은 밥을 빨리 많이 먹는다, 이렇게 할래요.

교사: 시작부터 좋네. 그런데 그 얘기를 읽는 사람들이 '이거 좀

새로운데?' 하는 생각이 들게 하려면 어떻게 할까?

태훈: 대회에서 1등 한다고 할까요?

교사: 무슨 대회?

태훈: 빨리 많이 먹기 대회요. 아, 그걸 나눠서 쓰는 게 좋겠어요. (씀)

교사: 그럼 평소에 밥 먹을 때 태훈이랑 경쟁하니?

태훈: 아니요. 엄마가 반찬을 많이 주셔서 그건 괜찮아요. 근데 치킨 같은 거 먹을 때는 진짜 좀 싸워야 돼요.

교사: 누가 이겨?

태훈: 제가 이길 때도 있고 질 때도 있어요.

교사: 그럼 괜찮은 거 아니야? 늘 지는 건 아니잖아.

태훈: 근데 제가 나이가 다섯 살이나 많으니까 이기는 게 더 좋죠. (씀)

이런 식으로 중국에서 있었던 일까지 이야기를 하면서 글을 완성했습니다. 앞부분에 '밥 먹기 대회'라는 표현을 썼기 때문에 '이번에는 전쟁'이라는 표현도 자연스럽게 나왔지요. 어느 순간부터는 태훈이가 신이 나서 저와 말하는 것도 잊고 글을 완성했습니다. 제목은 글을 다 쓰고 붙였습니다.

앞에서도 설명했지만, 어린이가 글쓰기를 어려워할 때는 말로 해

보고 쓰는 것이 도움이 됩니다. 쓸 내용이 더 잘 생각나고 수정의 부담도 적기 때문입니다. 글로 쓸 만한 내용인지 아닌지 확인도 되지요. 대화하면서 쓰는 것은 어른이 불러주는 대로 받아쓰는 것과 전혀 다릅니다. 아이가 하는 말을 듣고 더 구체적으로 말할 수 있게, 또 쓸 수 있게 질문하면 됩니다.

이날 태훈이는 자기가 쓴 글을 읽고 또 읽으면서 즐거워했습니다. 글쓰기에는 확실히 고통뿐 아니라 즐거움도 있습니다.

"다 썼다!"라고 해도 좋을 때

언젠가 하림이가 긴 글을 쓰고 녹초가 된 적이 있습니다. 팔도 아팠을 테고 긴 시간 집중한 탓에 힘이 다 빠진 것입니다. 독서교실 바닥에 드러눕다시피 한 하림이 얼굴은 그런데도 기쁨으로 가득했습니다. 그런 하림이에게 저는 조금 냉정하게 들릴 말을 했습니다.

"진짜 작가는 글을 쓴 다음 바로 남에게 보여주지 않아. 꼭 다시 읽어보거든. 틀린 글자는 없는지, 고치고 싶은 부분은 없는지."

자기 글을 다시 읽은 하림이는 약간 풀이 죽어서 말했습니다.

"쓸 때는 엄청 긴 것 같았는데, 지금 보니까 그렇게 길지 않네요. 틀린 데도 많고."

그게 바로 글 쓰는 사람들이 모두 느끼는 감정이라고, 그런데도 다 썼을 때의 기쁨이 크기 때문에 자꾸 글을 쓰는 거라고 말해주었습니다. 방금 하림이가 쓴 글에도 그런 마음이 담겨 있고, 그래서 선생님은 너무나 반갑다고 격려를 쏟자 하림이도 다시 웃는 얼굴이 되었습니다.

열심히 썼을 때일수록 마지막 마침표를 찍고 "다 썼다!"고 외치는 기쁨이 큽니다. 그런데 독서교실에서는 어떤 글이든 남에게 보여주기 전에 반드시 혼자 읽어보게 합니다. 저와 대화를 나누며 완성한 글일 때도 마찬가지입니다. "다 썼다!"라는 말은 그때서야 할 수 있습니다. 다 쓴 글을 다시 읽어보는 습관이 몸에 배도록 제가 각별히 신경 쓰는 부분입니다.

글을 쓰는 동안에는 쓰는 일 자체에 집중하기 때문에 글 전체를 보기 어렵습니다. 다 쓴 글을 다시 읽으면 틀린 글자뿐 아니라 전체 흐름이 눈에 들어오지요. 단락을 나누거나 붙일 부분이 어디인지도 알 수 있습니다. 소리 내어 읽어보면 부자연스러운 부분이 더 잘 드러납니다. 그렇게 고친 글을 다시 보면 글이 확실히 좋아진 걸 알 수 있습니다.

어린이가 연필로 쓴 글을 컴퓨터를 이용해 출력하면 느낌이 또 달라집니다. 똑같은 내용인데도 더 정리되어 보여서 뿌듯하고, 글쓰기에 대한 태도도 진지해집니다. 종종 한글 프로그램 기능을 이용해 어린이가 쓴 글이 몇 자인지 세고, 200자 원고지로는 몇 매가 되는지도 계산해 알려주세요. 다음에는 조금 더 긴 글을 쓰고 싶은 마음이 생깁니다.

글쓰기를
잘 지도하려면

　독서교실에서는 '잘 읽히도록' 쓰는 것에 초점을 두어 글쓰기를 지도합니다. 어휘를 정확하게 쓰는 것, 문장을 짧게 쓰는 것, 글의 구조를 생각하는 것 등이 그것이지요. 다음은 제가 글쓰기를 지도하는 원칙입니다.

• 말한 것 / 말할 것을 쓰게 한다

　글쓰기보다 말하기가 먼저입니다. 말로 한 다음 말한 것을 쓰게 합니다. 말하기보다 글쓰기를 먼저 할 때도 말할 것, 또는 말하고 싶은 것을 쓰도록 독려합니다. 다 쓴 뒤에는 반드시 소리 내어 읽어보게 합니다. 말로써 자연스럽게 들리는 글이 좋은 글입니다.

• 글쓰기는 진정한 이해를 위한 과정임을 기억한다

　글쓰기는 생각을 남에게 드러내는 것이면서, 또한 자기 생각을 확인하는 것입니다. 어린이는 글을 쓰는 과정에서 배웁니다. 무엇을 알고 무엇을 모르는지가 비로소 드러나는 것입니다. 그러므로 결과물이 완벽하지 않은 것은 당연합니다.

완벽한 글을 쓰는 것이 목표가 아닙니다. 어린이 스스로 알아차리지 못하더라도 쓰는 과정에서 발견한 것을 알아보고 그 점을 격려해 줄 사람이 필요합니다. 부모와 교사의 역할이지요.

• 한 단락에서 수정은 세 군데까지

어린이는 스스로 글을 고칠 수 있습니다. 저는 어린이의 글을 볼 때 한 단락(4~5문장)에서 세 군데까지만 고칩니다. 그보다 많이 고치면 어린이가 글쓰기에 흥미를 잃기 쉽고, 고치는 이유를 기억하기도 어렵습니다.

꼭 필요한 것, 일관된 문제, 고치면 확실히 좋아질 부분을 고치게 합니다. 다만 틀린 글자는 되도록 모두 고칩니다(밑줄을 긋고 맞는 글자로 고쳐보게 합니다). 고치지 않으면 어린이가 그 맞춤법이 맞는 것으로 오해할 수 있기 때문입니다.

• '칭찬 2' 대 '조언 1'

글쓰기는 어렵습니다. 컴퓨터나 스마트폰 자판 대신 연필로 글을 쓰는 어린이에게는 더 어려운 일입니다. "글쓰기 힘들어요" 하는 말에는 실제로 손이 아프다는 호소도 들어 있습니다.

글을 쓴 어린이의 노력을 존중하고 칭찬을 아끼지 말아주세요. 이전보다 좋아진 부분, 좋은 표현, 잘 고친 부분을 칭찬해 주세요. 칭찬 거리가 없다면 글씨를 잘 쓴 것, 끝까지 쓴 것도 칭찬할 수 있습니다. 조언을 하려면 먼저 그 두 배의 칭찬을 해야 합니다.

부록

어린이 유형에 따른
말하기 독서·글쓰기 팁

1. 할 말이 너무 많은 외향형 어린이

독서교실에서는 말을 하고 싶어 안달 난 듯한 어린이를 종종 만나게 됩니다. 선생님이 말할 때, 친구가 말할 때 맞장구를 치거나 다른 말을 덧붙이든가 하면서 대화의 주도권을 갖고 싶어 합니다. 성격이 외향적이어서 그럴 때도 있고, 대화 예절을 익히지 못해 그럴 때도 있습니다.

'누군가 말하고 있을 때 동시에 말하지 않기' '차례가 아닐 때는 되도록 기다리기' '말하다가 다른 길로 갔을 땐 거기서 멈추기'와 같은 규칙을 알려주지만 사실 가르치기가 쉽지 않아 저도 쩔쩔매곤 했습니다.

그러다가 생각을 바꾸었습니다. 말을 하고 싶어 하는 어린이를 조용히 시키기보다 말하기를 통해 배우게 하는 쪽으로 말입니다. 똑같은 규칙을 가르치더라도 어린이를 억누르는 쪽보다 잘 피어나게 하는 쪽으로 저의 마음가짐을 바꾸니 일단 마음이 한결 편안해졌습니다.

이들이 말하고 싶어 하는 건 단지 관심을 받고 싶어서가 아니라 말하는 게 재미있기 때문입니다. 점심시간에 있었던 일이든 책에서 읽은 이야기든 말할 때 신이 납니다. 이런 외향적인 어린이들이 말할 때 저도 맞장구를 치고, 다른 어린이들의 호응도 적당히 유도하면서 좋은 이야기를 끌어냅니다.

대신 시간을 정해둡니다. 모래시계나 타이머 같은 도구를 활용하니 재미도 있습니다. 저와 개인적으로 대화할 때는 제가 적극적으로 질문을 던지면서 이야기의 요점을 찾도록, 적당한 때 말을 마치도록 도와줍니다.

글을 쓰기 전에도 말할 시간을 충분히 주는 게 좋습니다. 글감을 떠올리거나 어떤 내용으로 채울지 생각해 보는 것 등 이야깃거리가 많습니다. 이 어린이들은 구상을 말로 하기 때문입니다. 대신 이야기가 옆길로 새거나 요점이 없을 때는 부모나 교사가 개입해서 길을 잡아주는 것이 좋습니다.

아니면 말한 내용을 짧은 문장으로라도 정리하게 해주세요. "지금 나온 이야기를 정리해서 써보자" "그 얘기를 한 문장으로 표현하려면 어떻게 써야 할까?" 하고 제안하는 것이지요. 말한 것 중 더 중요한 내용을 스스로 추려내는 연습이 됩니다.

2. 말수가 너무 적은 내향형 어린이

이른바 '내향형'인 어린이는 말하기를 부담스러워할 때가 많습니다. 자신감이 없다거나 소심한 것과는 다릅니다. 누군가와 상호작용을 할 때 신중을 기하기 때문에 당연히 힘이 많이 듭니다. 그러니 피하고 싶은 것입니다.

상담에서 만난 한 내향형 중학생 아이는 제게 학원을 다 그만두고 싶다고 털어놓았습니다. 인터넷 강의로 혼자 공부하고, 한두 과목은 개인 수업을 받았으면 좋겠다는 것입니다. 외향형인 아버지는 아이가 학원에서 교육 정보도 얻고 친구들과 경쟁도 하면서 공부하기를 바라셨지요. 아버지는 아이의 '아쉬운 점'을 보강해 주고 싶으셨겠지만 내향형 아이에게는 그런 활동 자체가 주의를 흩뜨리는 일입니다.

매우 중요한 내용이라 다시 한번 강조하고 싶습니다. 말수가 적은 것이 소극적이라는 뜻은 아닙니다. 말할 때 에너지를 많이 쓰므로, 되도록 적게 말하기 위해 생각할 시간을 필요로 할 뿐입니다.

독서교실의 말 없는 어린이들도 가만히 지켜보면 어떤 질문에도 답을 허투루 하지 않습니다. 생각을 잘 하고 대답하니까요. 그렇다

보니 어떤 때는 아예 대답을 안 하기도 합니다. 그럴 때는 저도 정말 애가 탑니다. 더 애가 타는 순간은 저의 질문에 앞의 친구들이 먼저 답을 다 하는 바람에 어린이가 "똑같아요" 하고 다시 입을 닫을 때입니다.

이런 상황에는 어떻게 해야 할까요? 저는 이제 그럴 때 "생각이 똑같아도 괜찮아. 그래도 너의 말로도 듣고 싶어. 똑같이 말해도 되니까, 한번 말해보자" 하고 꼭 직접 말해보게 합니다. 장난스럽게 "진짜 완전히 똑같이 말해야 돼!" 할 때도 있습니다. 그렇게 하면 어린이들은 앞서 말한 친구와 조금이라도 다른 표현을 써서 말하려고 합니다. 아이디어가 비슷하거나 같아도 언어로 구사해 표현하는 방식은 각자 조금씩 다르기 때문입니다.

일부러 자기만의 표현을 찾기도 하지요. 먼저 발표한 어린이 역시 다른 친구의 발표를 들으면서 같은 생각을 표현하는 다른 방법을 배울 수 있습니다. 말하기 좋아하는 어린이에게 필요한 '듣기' 능력을 오히려 말수 적은 어린이한테서 배우는 셈입니다.

질문을 던졌는데 아이의 답이 늦게 나온다고 해서 질문을 반복하는 것은 좋지 않습니다. 질문이 어려웠나 하는 걱정에 질문을 자꾸 바꾸는 것도 그렇습니다. 그럴 때 내향형 어린이는 추궁받는 기분을 느끼기 쉽습니다. 또 앞서 받은 질문에 아직 답을 하지 않았으므로 어린이로서는 답이 밀리는 셈이지요. 부모나 교사가 먼저 생각을 말하거나 다른 친구가 먼저 답하도록 함으로써 답변을 준비할 시간을 주세요. 메모 수준으로라도 말할 내용을 미리 적어보게 하는 것도 좋은 방법입니다.

저는 토론이나 긴 대화가 필요한 수업 때는 일찌감치 오늘의 주제를 알려줍니다. 말수가 적은 어린이들이 생각할 시간을 확보하기 위해서입니다. 그런 날은 꼭 이 어린이들의 발표를 먼저 듣습니다. 말하는 순서만 바꾸어도 수업의 분위기가 달라집니다.

3. 너무 자세하게 말하는 감각형 어린이

　말을 할 때나 글을 쓸 때, 지나칠 만큼 자세히 설명하는 어린이들이 있습니다. 한번은 "다음 주에는 학교에서 집으로 가는 길을 묘사하는 글을 쓸 거야"라고 예고한 적이 있습니다. 평범한 일상이지만 볼거리가 있고, 또 그때그때 느낄 것도 많다는 걸 알게 해주고 싶었습니다. 그러니 한 주 동안 글감을 잘 생각해 보라고 안내도 했지요. 그런데 이런 질문을 한 어린이가 있었습니다.

　"교실부터요? 교문부터요?"

　평소에 무엇이든 꼼꼼히 확인하는 어린이였습니다. 그런데 솔직히 저는 생각하지도 못한 질문이라서 수업 취지를 생각해 "그것도 마음대로 정해도 돼"라고만 알려주었습니다. 다음 주, 그 어린이의 글은 이렇게 시작되었습니다.

　"학교가 끝나면 가방을 챙기고, 의자를 넣고, 가방을 메고 교실에서 나온다. 교실에서 오른쪽으로 가야 계단이 있다. 계단을 내려가면 신발장이 있고…."

　이렇게 쓰려니 얼마나 힘들겠습니까. 아직 길도 안 건넜는데 어린이는 팔이 아프다며 손을 털었습니다. 그러는 중에도 "길 건너에는 ○○부동산, △△편의점, 임대 문의가 있다"라고 썼습니다.

"임대 문의?"

"네, 편의점 옆에 가게에 '임대 문의'라고 붙어 있어요."

"무슨 뜻인지도 알고 있어?"

"… 잘은 몰라요."

여기서 감각형 어린이들의 특징을 엿볼 수 있습니다. 감각형 어린이는 오감을 통해 직접 얻은 정보를 중요하게 여깁니다. 보고 듣고 만진 것을 오래, 자세하게 기억합니다. 어떤 '사실'을 쉽게 파악하는 편이지요. 감각형 어린이는 자세히 관찰하고 사실적으로 묘사합니다. 이 어린이들이 자세히 말하는 건, 자세히 보았기 때문입니다.

동화를 읽은 뒤 등장인물의 이름과 세부 내용을 잘 기억하는 쪽도 감각형 어린이가 많습니다. 이들은 작가의 치밀한 묘사를 어렵지 않게 따라갑니다. 책에서 실용적인 지식을 얻었을 때 읽기에 보람을 느끼기도 합니다. 반면에 상상력을 요구하는 읽기나 그와 관련된 활동에는 주저하는 경향이 있습니다. 인물이 이 상황에서 속마음이 어땠을지 짐작해 보자고 했더니 의아한 얼굴로 "저는 이미 이야기를 다 읽어서 내용을 아니까 그럴 필요가 없는데요?" 하고 되물은 어린이도 있었습니다.

독서교실의 감각형 어린이들은 어휘 수준과 상관없이 맞춤법을 잘 틀리지 않습니다. 글을 쓰다 헷갈리면 제게 확인하거나 아예 그

말을 쓰지 않습니다. 지우개로 지운 흔적을 보면 알 수 있지요.

'코 고는 소리'를 설명하는 글을 감각형 어린이는 이렇게 썼습니다.

"누워서 잘 때는 기도가 좁아진다. 이때 좁은 틈으로 공기가 나가면서 입천장 뒤쪽에서 소리가 난다."

정확한 정보를 중시하는 이들의 말과 글에는 오해의 소지가 별로 없습니다. 대신 글의 구성이 단조로운 편으로 내용이 나열될 때가 많습니다. 핵심이 잘 드러나지 않기도 하지요.

감각형 어린이의 독서를 도우려면 사진, 음악, 영상 자료 등을 활용하는 게 도움이 됩니다. 이들은 보고 듣는 경험에 마음을 열기 때문입니다. 나열식 글쓰기를 했다면 전체를 새로 쓰기보다 그중 한 부분을 골라 앞뒤로 한 문장씩을 보충하는 것도 좋습니다. 글의 한 부분에만 부피감이 생겨도 전체적인 느낌이 달라지지요.

감각형 어린이는 세부에 집중하느라 전체를 놓칠 때가 있으므로 읽을 때나 쓸 때나 막히는 부분은 과감히 넘어가고 글의 구조를 알게 해주세요. 추상적 사고를 어려워하는 어린이라면 시를 읽으며 비유를 배우는 것도 좋겠지요. 맞춤법에 너무 연연하지 말고 새로운 어휘를 써보도록 도와주세요.

4. 재미있지만 산만하게 말하는 직관형 어린이

한 어린이가 '재채기의 원리'에 대한 글을 이렇게 썼습니다.

"먼지, 세균, 꽃가루가 코로 잠입한다. 하지만 대부분 코털에 잡히는데…. 하지만 몸을 아프게 하고 싶은 극소수의 세균들이 살아남아 돌격한다. 하지만 콧물 댐을 지나지 못하고 모두 잡힌다. 세균들은 그대로 죽을 각오를 했지만, 살균을 즐기지 않는 자비로운 재채기가 모두 밖으로 풀어준다. -다음 화에 계속."

앞서 '코 고는 소리'에 대해 사실적으로 쓴 어린이의 글과 비교해 보세요. 어린이는 목소리만큼 글쓰기도 제각각입니다. 이것도 문제라고 할 수 있지요. 둘 중 어느 것이 더 좋다고 말할 수는 없습니다.

말과 글에서 독특한 표현을 좋아하고 기발한 상상력을 뽐내는 어린이들이 있습니다. 아무래도 '학교에서 집으로 가는 길'을 묘사하는 글 같은 건 재미가 없겠지요.

"교문에서 오른쪽으로 가서 길을 건넌 다음 ○○도서관 쪽으로 간다."

이렇게 듬성듬성 씁니다. 이런 어린이들은 직관형인 경우가 많습니다. 새로운 아이디어를 중요하게 여기고 그것을 확장하기를 좋아하는 편입니다. "어느 날 김소영 선생님이 사라졌습니다"라는 첫 문장을 주면 연필이 쉴 새 없이 움직입니다. 독서교실의 한 어린이는 몇 주에 걸쳐 연작을 써와 친구들 앞에서 발표하기도 했습니다.

이런 식으로 글을 쓰는 어린이들은 맞춤법을 종종 틀리는데, 몰라서라기보다 중요하게 여기지 않기 때문입니다. 대신 새로 배운 말, 톡톡 튀는 표현을 써보는 데 더 신경을 씁니다. 자기 글을 고칠 때도 틀린 부분을 잘 찾지 못합니다. 바른 철자를 알고 있을 때도 그렇습니다. 이들의 말과 글은 실제로 재미있어서 친구들의 관심을 끕니다. 그런데 과장과 축소로 내용을 왜곡하기도 하지요. 독특하기는 한데 알맹이가 없는 글을 쓸 때도 있습니다.

이런 어린이와 책을 읽을 때는 이들이 아이디어를 요구받을 때 더 잘 집중한다는 점을 기억해 주세요. "『마틸다』는 영화와 뮤지컬로도 만들어졌어. 네가 연출가라면 왜 이 작품을 선택했을까 생각하면서 읽어보자" 같은 말로 안내하면 좋습니다. 지식책의 세부 사항을 기억하게 하고 싶다면 어느 부분에 집중해야 하는지 미리 안내해서 읽는 부담을 덜어주세요.

직관형 어린이는 글을 쓸 때 비약을 조심해야 합니다. 마무리를 어떻게 할지까지 먼저 얘기해 보고 글을 쓰기 시작하면 좋습니다. 말이나 글의 내용이 모호할 때는 "정말 재미있는 이야기다. 더 자세히 듣고 싶어" 하고 격려하는 것도 좋겠지요.

5. 어린이의 글씨가 너무 엉망일 때

　글씨체가 어떻든, 글씨를 반듯하게 쓰는 건 필기와 생각 정리에 큰 도움이 됩니다. 독서교실 어린이들에게 종종 원고지 공책에 글쓰기 숙제를 하게 하거나 좋은 문장을 베껴 쓰게 합니다. 목적은 세 가지입니다. 글자들을 같은 크기로 쓰기, 띄어쓰기 익히기, 문장부호 바르게 적기. 어린이들에게도 그렇게 안내합니다.

　어린이들한테는 '똑바로' '예쁘기' '정성껏' 쓰라는 말이 와닿지 않는 듯합니다. 그에 비해 '같은 크기로' 쓰는 것은 의식하면 할 수 있는 일입니다. 저학년 어린이들이 따로 한글 공책을 쓰듯이, 고학년이나 중학생 아이들도 원고지 공책에 글을 쓰면 글씨가 훨씬 나아집니다. '가'도 '값'도 똑같은 네모 안에 쓰려면 글자를 쓰기 전에 어느 정도 계산을 해야 하니까요.

　왼손잡이 어린이는 글씨를 쓸 때 방금 쓴 글자들이 시야에 들어오지 않습니다. 손이 가리고 있기 때문입니다. 그래서 띄어쓰기할 부분을 놓치거나 글씨를 고르게 쓰기가 어렵습니다. 그럴 때도 역시 원고지가 도움이 됩니다. 독서교실에서는 똑같은 글을 원고지에 옮겨 적고 서로의 글씨체를 비교해 보기도 합니다. 물론 제각각이지요. 그러니까 인쇄된 글씨처럼 예쁘게 쓰려고 하기보다 앞서 말한 대로 '같은 크기로 쓰기'부터 시작하는 것이 좋습니다.

글씨를 잘 쓰려면 적당한 필기구도 중요합니다. 책받침은 글씨 쓰는 수고를 많이 덜어줍니다. 책받침을 쓰면 종이에 눌러 쓸 때의 힘을 덜어주니 손이 덜 아픕니다. 지울 때도 더 잘 지워지고요. 연필 심이 너무 무르고 진해서 글씨가 번지지는 않는지, 반대로 너무 단단하고 색이 연해서 힘들지 않은지 살펴주세요. 잘 깎인 연필, 두 개 이상의 지우개(어린이는 잘 잃어버립니다) 등이 필통에 있는지도 한번씩 살펴주세요.

연필 잡는 자세는 한번 잘못 잡히면 바로잡기가 어렵습니다. 특히 손목을 눈여겨보세요. 힘을 덜 주려 하면 손목이 꺾이기 마련인데 그래서는 글씨가 나아지지 않을뿐더러 긴 글을 쓸 때 더 힘들어집니다. 연필을 쥘 때 손가락이 마음대로 되지 않으면, 먼저 손날을 종이에 대고 손가락을 둥글게 모은 다음 엄지 검지 사이에 연필을 끼워 넣고 중지에 기대는 식으로 익혀도 됩니다. 상황에 따라 방법은 여러 가지가 있습니다.

중요한 건 어린이가 연필을 잡고 글씨를 쓰는 일은 결코 자연스럽게 되지 않는다는 점입니다. 어른보다 살이 부드러운 어린이들은 실제로 연필을 쥔 손이 아픕니다. 긴 글을 쓸 때는 팔도 아프고요. 바로 쓰라고 야단치기보다 바로 쓰는 방법을 같이 연구해 주세요.

6. 맞춤법, 띄어쓰기, 문장 호응을 자주 틀릴 때

어린이들은 글을 쓰다 보면 스스로 내용에 심취할수록 문장의 주술 관계가 이상해지고, 무엇보다 띄어쓰기와 맞춤법이 대혼란에 빠지곤 합니다. 시작할 땐 그 내용이 아니었는데 마칠 때는 주어도 서술어도 다른 이야기가 되지요.

그렇지만 한꺼번에 다 고쳐주면 어린이로서는 김이 빠지고 지적받는 게 싫어서 글쓰기도 싫어하게 됩니다. 저는 우선순위를 다음과 같이 정해서 가르치고 있습니다. 첫째, 맞춤법. 둘째, 띄어쓰기. 셋째, 문장 호응.

먼저 맞춤법을 살펴볼까요? 글자를 배우는 초기에는 틀려도 괜찮지만 초등학교 저학년쯤 되면 신경을 써야 합니다. 틀린 것을 바로잡지 않으면 어린이한테 맞춤법이 덜 중요한 것처럼 여겨질 위험이 있습니다. 요즘은 SNS 등에서 맞춤법을 무시한 글이 마구 돌아다닙니다. 심지어 TV 자막에서도 틀린 맞춤법이 종종 보입니다. 글을 읽는 사람에게 신뢰를 주기 위해서, 또 자기 글에 자신감을 갖기 위해서도 맞춤법은 반드시 옳게 익혀야 합니다.

독서교실 어린이들이 글을 쓰다가 맞춤법을 물어보면 저는 군말

없이 옳은 것을 알려줍니다. 그리고 글쓰기가 끝난 다음에 아까 물어보았던 낱말을 옳게 쓸 수 있는지 확인합니다. "이건 맨날 헷갈려요" 하고 대수롭지 않게 넘어가는 어린이도 있습니다. 어떤 단어의 맞춤법이 헷갈린다는 건 모른다는 것과 같습니다.

자주 틀리는 것부터 바로잡아 주세요. 이때! 틀린 글자만 고쳐주지 마시고 그 단어 전체를 다시 쓰게 하는 게 좋습니다. 예를 들어 '텉밭'은 'ㅌ'만 'ㅅ'으로 고친다거나 '텉'을 '텃'으로 고치는 데 그치지 않고, '텃밭'으로 한 낱말을, 즉 두 글자를 다시 써보는 것입니다.

또 무엇이 틀렸고 무엇이 맞는지보다 '맞는 것만' 눈과 손에 익히는 게 좋습니다. '텉밭 → 텃밭'을 반복하는 게 아니라 '텃밭 텃밭 텃밭' 이렇게 반복하는 것이지요. 그래야 틀렸을 때 '이상하다?' 하고 알아차릴 수 있습니다.

띄어쓰기는 저 자신도 헷갈릴 때가 많아서 자주 사전을 찾아봅니다. 가장 기본적인 규칙은 '서로 다른 낱말은 띄어 쓴다'입니다. 여기에 조사(는/은/이/가/을/를/에게/에서 등)만은 앞말에 붙여 씁니다. 이것보다 복잡한 내용은 천천히 배워도 됩니다. 독서교실에서는 어떤 문장의 글자를 모조리 붙여 놓고, 어린이가 띄어쓰기를 해보기도 합니다.

벼는익을수록고개를숙인다. → 벼는 익을수록 고개를 숙인다.

가는말이고와야오는말이곱다. → 가는 말이 고와야 오는 말이 곱다.

소잃고외양간고친다. → 소 잃고 외양간 고친다.

지난주에김소영선생님이분명히떡볶이를사준다고했는데시치미를뚝떼신다. → 지난주에 김소영 선생님이 분명히 떡볶이를 사 준다고 했는데 시치미를 뚝 떼신다.

책 속 한 단락이나 어린이가 쓴 글을 활용해도 좋겠지요.

마지막으로 문장 호응 문제가 있습니다. 짧은 문장에서 주어와 서술어가 어긋날 때는 그 부분만 새로 배우면 됩니다. 실수로 틀리는 경우도 많으니 짚어주면 스스로 금방 고치기도 하고요. 문제는 문장이 길어질 때입니다. 왜인지 어린이는 '이어진 문장'을 좋아합니다. "~해서, ~했는데, ~해서" 하는 식으로요.

그럴 때는 문장을 나누어주세요. 짧은 문장은 실패할 확률이 낮습니다. 그런 다음에 필요한 대로 이으면 되지요. 그런데 이건 쉽지 않으니, 앞의 두 사항을 먼저 이해한 다음에 차근차근 배워가면 됩니다.

어린이가 읽는 어른으로
자라는 순간

고백하자면 저는 책을 그리 좋아하지 않는 어린이였습니다. 그렇다고 뛰어놀기를 좋아한다거나, 몰두할 만한 취미도, 특별한 재주도 없어서 할 수 없이 책을 읽는 수준이었습니다. 그나마 집에 책도 별로 없어서 어쩌다 갖게 된 책을 보고 또 보았습니다. TV에서 '어린이 방송'이 시작될 때까지 시간을 보내는 방법이었지요.

중고등학교 시절에도 간간이 책을 읽긴 했지만 감상적인 수필집 정도였습니다. 시만은 좋아해서 용돈을 모아 시집을 사곤 했습니다. 그래도 "어렸을 때부터 책을 좋아했다"고 하는 독자나 작가들과 비교하면 제 독서 목록은 초라할 정도입니다.

대학에서 국어국문학을 전공한 것도 그저 국어 과목을 제일 좋아하기 때문이었습니다. 가끔은 제가 지금처럼 책을 좋아하고 심지어 쓰기까지 하는 사람이 되었다는 게 참 신기하다는 생각이 듭니다. 어쩌다 이렇게 되었을까요?

저는 대학 도서관에서 우연히 어린이책을 몇 권 읽고 비로소 독서의 즐거움이 무엇인지 알았습니다. 좋은 어린이책은 문학적으로든 지적으로든 진실을 담고 있습니다. 마음의 울림은 거기서 시작됩니다. 책을 펼치고 덮을 때까지 하나의 완결된 세계를 만나는 충만함이 있습니다. 여러 사람과 책 이야기를 나눌 때 정서적, 지적 욕구도 충족되었습니다. 어린이책을 읽고, 청소년책을 읽고, 교양서를, 소설과 시를, 인문서와 사회과학서를 읽었습니다. 독서 인생을 완전히 새롭게 시작한 셈입니다.

독서교실에서 어린이들과 책을 읽고 이야기를 나눌 때면 그 기쁨이 매번 새롭게 다가옵니다. 같은 책을 읽은 사람들끼리만 나눌 수 있는 무언가 때문입니다. 저는 선생님으로서 가르치고 독자로서 배웁니다. 어린이책이 아니었다면 이만큼 즐겁지는 않았을 것 같습니다.

어린이가 책과 가까워지기를 바란다면 책을 읽을 시간을 충분히 주셔야 합니다. 또 이끌어주는 어른도 함께 읽어야 합니다. 현실적으로 어린이가 읽는 모든 책을 전부 따라 읽는 건 어렵지요. 지금 이

책에서 소개한 어린이책부터 읽어보는 건 어떨까요? 어린이가 어느 정도 읽기에 익숙해지면 어린이로부터 책을 추천받아서 읽어보세요. 일주일 중 어느 요일, 어느 시간을 정해 각자 읽고 싶은 책을 읽는 것도 좋습니다. 어른도 독자로 성장할 수 있습니다.

이 시대의 독서는 개인뿐 아니라 사회에도 큰 영향을 끼칩니다. 지금으로서는 짐작할 수도 없을 만큼 기술이 발달한 미래에서 어린이는 어른이 되어 어떤 삶을 살고 있을까요? 사회는 또 어떤 모습일까요?

집중력과 판단력, 도덕성, 소통하는 능력을 갖춘 개인이 많아질수록 우리는 더욱 인간적으로, 주체적으로 살아갈 수 있습니다. 기술의 진보와 '더 많은 독서'는 나란히 가야만 합니다. 우리 어린이들이 그런 세계에서 행복하게 살아가기를 소망합니다.

이 책에 실린 어린이책 목록

그림책

『1999년 6월 29일』 데이비드 위즈너 글·그림 | 이지유 옮김 | 미래아이

『걱정머리』 밤코 글·그림 | 향

『꽃에 미친 김 군』 김동성 글·그림 | 보림

『나는 지하철입니다』 김효은 글·그림 | 문학동네

『나는 화성 탐사 로봇 오퍼튜니티입니다』 이현 글 | 최경식 그림 | 만만한책방

『내 헤어스타일 어때?』 키타무라 사토시 글·그림 | 전정옥 옮김 | 바둑이하우스

『너도 갖고 싶니?』 앤서니 브라운 글·그림 | 허은미 옮김 | 웅진주니어

『누가 누구를 먹나』 알렉산드라 미지엘린스카·다니엘 미지엘린스키 글·그림 | 이지원 옮김 | 보림

『단어 수집가』 피터 레이놀즈 글·그림 | 김경연 옮김 | 문학동네

『당나귀 실베스터와 요술 조약돌』 윌리엄 스타이그 글·그림 | 김영진 옮김 | 비룡소

『두 마리 아기 곰』 일라 글·사진 | 이향순 옮김 | 북뱅크

『라치와 사자』 마레크 베로니카 글·그림 | 이선아 옮김 | 비룡소

『북쪽 나라 여우 이야기』 데지마 게이자부로 글·그림 | 정숙경 옮김 | 보림

『사라지는 동물 친구들』 이자벨라 버넬 글·그림 | 김명남 옮김 | 이정모 감수 | 그림책공작소

『샌지와 빵집 주인』 로빈 자네스 글 | 코키 폴 그림 | 김중철 옮김 | 비룡소

『생각하는 ABC』 이보나 흐미엘레프스카 글·그림 | 이지원 구성 | 논장

『속도와 거리는 하나도 중요하지 않아』 마달레나 마토소 글·그림 | 민찬기 옮김 | 그림책공작소

『숲 속 재봉사의 꽃잎 드레스』 최향랑 글·그림 | 창비

『여우』 마거릿 와일드 글 | 론 브룩스 그림 | 강도은 옮김 | 파랑새

『위를 봐요!』 정진호 글·그림 | 현암주니어

『이 작은 책을 펼쳐 봐』 제시 클라우스마이어 글 | 이수지 그림 | 이상희 옮김 | 비룡소

『이웃집 공룡 볼리바르』 숀 루빈 글·그림 | 황세림 옮김 | 위즈덤하우스

『정신없는 도깨비』 서정오 글 | 홍영우 그림 | 보리

『조지 아저씨네 정원』 게르다 마리 샤이들 글 | 베너뎃 와츠 그림 | 강무홍 옮김 | 시공주니어

『쥐 둔갑 타령』 박윤규 글 | 이광익 그림 | 시공주니어

『태양을 그리다』 브루노 무나리 글·그림 | 유성자 옮김 | 두성북스

『파도야 놀자』 이수지 글·그림 | 비룡소

『펭귄 365』 장-뤽 프로망탈 글 | 조엘 졸리베 그림 | 홍경기 옮김 | 보림

『홀라홀라 추추추』 카슨 엘리스 글·그림 | 김지은 옮김 | 웅진주니어

동시집

『나는 법』 김준현 글 | 차상미 그림 | 문학동네

『박성우 시인의 첫말 잇기 동시집』 박성우 글 | 서현 그림 | 비룡소

『뽀뽀의 힘』 김유진 글 | 서영아 그림 | 창비

『어이없는 놈』 김개미 글 | 오정택 그림 | 문학동네

『엄마야 누나야』 김소월 외 글 | 변정연 그림 | 겨레아동문학연구회 엮음 | 보리

『즐거운 소음』 폴 플라이시먼 글 | 에릭 베도스 그림 | 정지인 옮김 | 다산어린이

『축구부에 들고 싶다』 성명진 글 | 홍정선 그림 | 창비

『티나의 종이집』 김개미 글 | 민승지 그림 | 천개의바람

동화책

『8시에 만나!』 울리히 훔 글 | 요르그 뮐레 그림 | 유혜자 옮김 | 현암사

『가느다란 마법사와 아주 착한 타파하』 김혜진 글 | 모차 그림 | 사계절

『기차 할머니』 파울 마르 글 | 프란츠 비트캄프 그림 | 유혜자 옮김 | 토끼섬

『꼬마 바이킹 비케 1, 2』 루네르 욘손 글 | 에베르트 칼손 그림 | 배정희 | 논장

『내가 그 녀석이고 그 녀석이 나이고』 야마나카 히사시 글 | 정지혜 그림 | 이경옥 옮김 | 사계절

『너와 나의 퍼즐』 김규아 글·그림 | 창비

『달빛 마신 소녀』 켈리 반힐 글 | 홍한별 옮김 | 양철북

『로테와 루이제』 에리히 캐스트너 글 | 발터 트리어 그림 | 김서정 옮김 | 시공주니어

『루카-루카』 구드룬 멥스 글 | 미하엘 쇼버 그림 | 김경연 옮김 | 풀빛

『베니스의 상인』 찰스 램·메리 램 엮음 | 아서 래컴 그림 | 현기영 옮김 | 창비

『별을 헤아리며』 로이스 로리 글 | 서남희 옮김 | 양철북

『뼝이오, 뼝』 김리리 글 | 오정택 그림 | 문학동네

『수일이와 수일이』 김우경 글 | 권사우 그림 | 우리교육

『아일랜드』 김지완 글 | 경혜원 그림 | 문학과지성사

『오월의 달리기』 김해원 글 | 홍정선 그림 | 푸른숲주니어

『오이대왕』 크리스티네 뇌스틀링거 글 | 유타 바우어 그림 | 유혜자 옮김 | 사계절

『오지랖 도깨비 오지랑 1~6』 김혜정 글 | 신민재 그림 | 다산어린이

『위풍당당 질리 홉킨스』 캐서린 패터슨 글 | 이다희 옮김 | 비룡소

『잘 헤어졌어』 김양미 글 | 김효은 그림 | 문학과지성사

『장수 만세!』 이현 글 | 변영미 그림 | 창비

『지구 행성 보고서』 유승희 글 | 윤봉선 그림 | 뜨인돌어린이

『책 먹는 여우와 이야기 도둑』 프란치스카 비어만 글·그림 | 송순섭 옮김 | 주니어김영사

『최악의 짝꿍』 하나가타 미쓰루 글 | 정문주 그림 | 고향옥 옮김 | 주니어김영사

『쿵푸 아니고 똥푸』 차영아 글 | 한지선 그림 | 문학동네

『플루토 비밀 결사대』 한정기 글 | 유기훈 그림 | 비룡소

지식책

『경국대전을 펼쳐라!』 손주현 글 | 오승민 그림 | 책과함께어린이

『똑똑한 초등신문』 신효원 글 | 책장속북스

『세계 자연유산 답사: 꼭꼭 숨어 있는 지구의 비밀』 허용선 글·사진 | 사계절

『세계와 만나는 그림책』 무라타 히로코 글 | 테즈카 아케미 그림 | 강인 옮김 | 사계절

『세계의 빈곤, 게을러서 가난한 게 아니야!』 김현주 글 | 권송이 그림 | 사계절

『소리로 만나는 우리 몸 이야기』 임숙영 글 | 김고은 그림 | 미래아이

『속담 그림책』 고미 타로 글·그림 | 강방화 옮김 | 한림출판사

『아름다운 위인전』 고진숙 글 | 경혜원 그림 | 한겨레아이들

『어린이를 위한 아트 슈퍼스타 시리즈』 사라 바르테르 외 글 | 글렌 샤프롱 외 그림 | 이세진 옮김 | 비룡소

『옛날 사람들은 어떻게 살았을까』 조은수 글 | 최영주 그림 | 창비

『이상희 선생님이 들려주는 인류 이야기』 이상희 글 | 이해정 그림 | 우리학교

『재밌게 걷자! 경복궁』 이시우 글 | 서평화 그림 | 주니어RHK

『지구촌 문화 여행』 알렉산드라 미지엘린스카·다니엘 미지엘린스키 글·그림 | 이지원 옮김 | 그린북

『척척 곤충도감』 카를로 피노 글 | 야에자와 나토리 그림 | 정인영 옮김 | 다산어린이

『톡 씨앗이 터졌다』 곤도 구미코 글·그림 | 햇살과나무꾼 옮김 | 한울림어린이

『하루 10분 초등 신문』 오현선 글 | 서사원주니어

『한눈에 펼쳐보는 24절기 그림책』 지호진 글 | 이혁 그림 | 진선아

김소영의
초등
책 읽기 교실

초판 1쇄 발행 2019년 9월 18일
개정증보판 1쇄 인쇄 2025년 3월 10일
개정증보판 1쇄 발행 2025년 3월 19일

지은이 김소영
펴낸이 김선식

부사장 김은영
콘텐츠사업2본부장 박현미
책임편집 김단비 **책임마케터** 박태준
콘텐츠사업7팀장 김민정 **콘텐츠사업7팀** 김단비, 이한결, 남슬기
마케팅1팀 박태준, 권오권, 오서영, 문서희
미디어홍보본부장 정명찬 **브랜드홍보팀** 오수미, 서가을, 김은지, 이소영, 박장미, 박주현
채널홍보팀 김민정, 정세림, 고나연, 변승주, 홍수경 **영상홍보팀** 이수인, 염아라, 석찬미, 김혜원, 이지연
편집관리팀 조세현, 김호주, 백설희 **저작권팀** 성민경, 이슬, 윤제희
재무관리팀 하미선, 임혜정, 이슬기, 김주영, 오지수
인사총무팀 강미숙, 이정환, 김혜진, 황종원
제작관리팀 이소현, 김소영, 김진경, 이지우
물류관리팀 김형기, 김선진, 주정훈, 양문현, 채원석, 박재연, 이준희, 이민운
외부스태프 디자인 스튜디오 수박@studio.soopark

펴낸곳 다산북스 **출판등록** 2005년 12월 23일 제313-2005-00277호
주소 경기도 파주시 회동길 490 다산북스 파주사옥
전화 02-704-1724 **팩스** 02-703-2219 **이메일** dasanbooks@dasanbooks.com
홈페이지 www.dasan.group **블로그** blog.naver.com/dasan_books
용지 스마일몬스터피엔엠 **인쇄** 민언프린텍 **제본** 국일문화사 **코팅 및 후가공** 제이오엘엔피

ISBN 979-11-306-6491-0 (03370)

다산북스(DASANBOOKS)는 책에 관한 독자 여러분의 아이디어와 원고를 기쁜 마음으로 기다리고 있습니다.
출간을 원하는 분은 다산북스 홈페이지 '원고 투고' 항목에 출간 기획서와 원고 샘플 등을 보내주세요.
머뭇거리지 말고 문을 두드리세요.